Collection « 100 QUESTIONS/RÉPONSES »

LES ENFANTS SURDOUÉS

100 QUESTIONS/RÉPONSES

Charlotte PARZYJAGLA

ellipses

Dans la même collection

Retrouvez tous les livres de la collection et des extraits sur www.editions-ellipses.fr

Remerciements

À Madame Claire Grand pour ses nombreux conseils et sa participation à l'ouvrage.

ISBN 978240-019911

32, rue Bargue 75740 Paris cedex 15

www.editions-ellipses.fr

SOMMAIRE

NOTION D'INTELLIGENCE, ANALYSE DES TESTS

PROFIL, FONCTIONNEMENT DU SURDOUÉ

LES ÉVENTUELLES DIFFICULTÉS DE L'ENFANT

CONSEILS PRATIQUES

PRÉFACE

Comme le disait si justement Jean Piaget, "l'intelligence, ce n'est pas ce que l'on sait mais ce que l'on fait quand on ne sait pas". Ce propos introduit particulièrement bien cet ouvrage qui aborde dans une première partie, la notion complexe d'intelligence, reprenant son étymologie, sans délaisser le fameux débat, si passionnant en psychologie, de l'inné et de l'acquis.

Le sujet du Haut Potentiel Intellectuel prend ensuite toute sa place ; sujet qui fascine autant qu'il effraie, en tout cas lorsque l'on n'y est pas familier.

Dans ma pratique professionnelle, je dois souvent soulager les déceptions, les appréhensions, voire les pleurs des parents, à l'annonce du diagnostic. Pourtant, le Haut Potentiel Intellectuel n'est pas une tare, un handicap qui détermine négativement une trajectoire de vie. C'est un fonctionnement incroyable, un don particulier, si toutefois il est reconnu, compris et accompagné.

Est-il le sujet à la mode, comme on l'entend dire parfois, car gratifiant pour les parents, et passionnant pour les psychologues ? La question est plus complexe que cela. Non, les enfants à Haut Potentiel Intellectuel ne poussent pas comme des champignons, ils continuent à ne représenter qu'une infime part de la population. En revanche, l'avancée de la science, de la connaissance et de la sensibilisation des parents, ainsi que le nombre grandissant de consultations psychologiques, permettent qu'ils soient plus souvent diagnostiqués. La surmédiatisation de ce sujet n'y est d'ailleurs pas pour rien. Néanmoins, elle n'est pas toujours très favorable à la compréhension des enfants à Haut Potentiel Intellectuel. Entre clichés et prédominance des aspects négatifs, les émissions télévisées représentent trop rarement la justesse du sujet, et la vision reste *in fine* très confuse, même pour les professionnels et enseignants.

Le mérite de Charlotte Parzyjagla est d'aborder ici de façon claire et accessible à tous, la description du fonctionnement de l'enfant à Haut Potentiel Intellectuel, ses forces tout autant que ses faiblesses, sur les aspects cognitifs, socio-relationnels, émotionnels, psychologiques, mais aussi scolaires. De nombreuses thématiques sont abordées sous forme de questions, telles que pourraient se les poser les parents. En permettant alors aux familles, aux professionnels (psychologues, médecins, etc.), aux enseignants, d'obtenir des connaissances plus solides, cet ouvrage a l'ambition de favoriser de la part de tous un accompagnement plus adapté au quotidien. On ne s'étonnera donc pas de lire, en dernière partie, de nombreux conseils pratiques, constituant un des atouts de cet ouvrage. Ainsi, les éventuelles craintes qui pourraient être ressenties par les parents s'estompent peu à peu, pour faire place à une énergie positive, transmise par l'auteur.

Mathilde Mignon, neuropsychologue à Dijon.

NOTION D'INTELLIGENCE, ANALYSE DES TESTS

1 QU'EST-CE QUE L'INTELLIGENCE ?

Dans l'antiquité grecque, les différentes étymologies qui convergent vers la notion d'intelligence renvoient toutes, au départ, à une indication commune : celle de la perception. L'intelligence serait une qualité de la perception, éminemment pratique, qui se mesure à la faculté d'échapper à une situation de danger. Puis, progressivement, elle s'est mise à dépendre de la façon dont l'individu se sent lié aux autres par la justice.

À partir de là, elle s'éloigne de la notion purement pratique et devient protéiforme : « Une faculté rythmée, à la fois sensorielle, expressive, éthique, décisionnelle, cognitive, logique, fondée sur des jeux d'empathie visuelle et kinesthésique, et de maîtrise, par exemple dans les relations entre hommes et dieux ». (Michel Briand, « Des sensations au sujet éthique : la danse physico-mentale du νόος dans la poésie "lyrique" grecque archaïque »).

Le terme « intelligence » tel que nous l'employons aujourd'hui est dérivé du latin *intelligere* qui signifie comprendre, c'est-à-dire « saisir par l'esprit », appréhender un savoir de manière pertinente. C'est l'aptitude à saisir un grand nombre d'informations et à créer des relations entre celles-ci. Elle se définit par conséquent en termes de quantité : produire de nombreux liens et de qualité : faire des liens pertinents.

Quand on parle d'un enfant surdoué aujourd'hui, c'est principalement la qualité des liens psychiques qui est déterminante. L'idée d'intelligence ne se résume donc pas au fait de « réfléchir beaucoup ». Elle n'est pas la mesure de la culture d'un individu, même si on peut penser que l'intelligence suppose la curiosité et la culture. Il est vrai aussi que plus un individu est cultivé, plus il dispose de « matière » pour mener une réflexion féconde et éclairée. Il y a ainsi une différence entre un « intellectuel », c'est-à-dire quelqu'un qui est porté vers la connaissance et la réflexion et quelqu'un d'intelligent.

Si l'intelligence est indépendante du « niveau de culture », c'est parce qu'il y a une différence entre le fait d'assimiler un savoir et le fait de comprendre, dans toute sa complexité, ce que l'on assimile.

L'intelligence est donc l'indicateur d'un « niveau de conscience », de la qualité d'un raisonnement en lien avec un objet.

2 FACTEUR G OU INTELLIGENCES MULTIPLES ?

Au niveau de la recherche, il existe au départ deux « idéologies » sur la théorie de l'intelligence. La première vision, unifactorielle (unitaire), est celle émise en 1904 par le psychologue anglais Charles Spearman. Elle serait une aptitude générale de l'esprit permettant à un individu, lorsqu'il est bon dans une épreuve fortement chargée en facteur g, d'être *a priori* plus performant dans un grand nombre de domaines. L'intelligence serait une « plus ou moins grande » énergie mentale (vitesse de traitement neuronal) qui permet une « plus ou moins grande » performance globale. Cela ne veut néanmoins pas dire qu'un individu ne peut pas être plus compétent dans un domaine que dans un autre : un matheux ou un littéraire, par exemple.

Cette vision de l'intelligence n'a jamais été remise en question, mais est souvent jugée réductrice, voire ostracisante, car elle ne rend pas compte de toutes les aptitudes particulières d'un individu. C'est pourquoi, en 1983, le psychologue américain Howard Gardner développa la théorie des intelligences multiples, ou théorie non factorielle, inspirée de l'observation des compétences spécifiques, ciblées, de certains autistes Asperger.

Cette conception pluraliste de l'intelligence permet de rendre compte d'une plus large gamme d'aptitudes sans lien nécessaire entre elles comme le sens du rythme, les aptitudes relationnelles, les possibilités d'expression par le corps… Ces deux visions ne s'opposent néanmoins plus de nos jours. Depuis Charles Spearman, d'autres psychologues factorialistes ont développé un modèle hiérarchique contenant le facteur g, des facteurs de second ordre et des facteurs spécifiques, ce qui a permis de trouver un consensus entre ces deux visions intégrant le facteur g et des compétences spécifiques.

Ces deux conceptions instruisent le débat sur la nature véritable de l'intelligence : est-elle la mesure du talent, de la compétence d'un individu ou de l'acuité du discernement, c'est-à-dire d'une aptitude générale potentielle ?

Il faut rappeler à cet égard que le talent, à l'inverse de l'efficience intellectuelle, se mesure difficilement. Si l'on peut juger objectivement de la « plus ou moins grande » maîtrise d'une technique de dessin par exemple, chacun aura une appréciation différente de la valeur d'un travail en fonction de sa sensibilité et de sa culture. Le talent d'un artiste dépend également de la reconnaissance d'une œuvre à une époque donnée. Il est indépendant de l'efficience intellectuelle.

L'INTELLIGENCE EST-ELLE HÉRÉDITAIRE ? 3

Oui, l'intelligence est héréditaire, mais quelle est cette part d'hérédité ? Y a-t-il un gène de l'intelligence ?

Quand il s'agit d'hérédité, on a toujours affaire à la conjonction de deux facteurs : celui de la combinaison de deux patrimoines génétiques (le père et la mère) et une part de hasard. Dire que l'intelligence est héréditaire ne signifie pas que l'intelligence est d'office héritée des parents. Il y a des « combinaisons génétiques » plus ou moins propices et un aspect aléatoire dans la transmission « d'aptitudes héritées ». Compte tenu de la multitude d'études sur le sujet, il est délicat d'affirmer un degré précis d'héritabilité (part de variation du QI attribuable aux gènes) qui mettrait tout le monde d'accord, mais il est possible de tirer de ces études une tendance générale.

Pour mesurer le degré d'hérédité, on va déterminer le coefficient de corrélation, c'est-à-dire la mesure de l'intensité de la liaison qui existe entre deux QI. Il vaut 0 quand il n'y a aucun lien, 1 quand le lien est positif et parfait. La corrélation d'une personne dont le QI a été testé deux fois atteint 0,86.

Dans le cas de vrais jumeaux élevés séparément, il atteint 0,74 (0,74 à 0,87 quand ils ont vécu dans le même environnement). Entre les parents et les enfants, il est de 0,45 (0,45 à 0,50 quand ils ont vécu dans le même environnement). Entre les frères et sœurs, de 0,40 (0,40 à 0,45 quand ils ont vécu dans le même environnement). La corrélation entre deux individus sans lien de parenté est de 0,01.

La part de variation de l'intelligence en fonction du patrimoine génétique est estimée à 50 % dans l'enfance et de 70 à 80 % à l'âge adulte, selon la plupart des études. L'individu a donc un QI plus proche de celui de ses parents à l'âge adulte. Cela veut dire qu'un enfant adopté pourrait avoir un QI plus proche de ses parents adoptifs dans l'enfance, en raison de l'influence de l'environnement, tandis qu'à l'âge adulte, l'environnement n'a plus d'impact sur l'individu qui exprime son potentiel plus en lien avec son patrimoine génétique.

Tous ces constats posent naturellement la question d'un possible gène de l'intelligence. À ce sujet, la recherche n'en est qu'à ses balbutiements. Certains gènes ont été identifiés comme étant à l'origine de dysfonctionnements cognitifs pathologiques et de la déficience intellectuelle et certains gènes pourraient certainement être responsables de la précocité, mais nous ne savons pas encore lesquels.

4 L'INTELLIGENCE DÉPEND-ELLE DU NIVEAU SOCIOCULTUREL ?

De nombreuses études ont montré que la moyenne du QI augmentait dans les familles aisées, dont les parents occupent un poste qui demande une certaine technicité, un certain niveau de culture : les cadres, les professions intellectuellement supérieures, par exemple. Ces études ont suscité plusieurs interrogations : la précocité intellectuelle n'est-elle qu'une préoccupation des populations favorisées ? Y a-t-il un lien entre « l'intelligence » et la réussite sociale ?

L'aspect culturel est important pour l'épanouissement du potentiel d'un enfant. Un milieu qui foisonne de sollicitations lui permettra de mieux exprimer son potentiel. L'aspect social également. Un milieu favorisé induit *a priori* la possibilité d'offrir à un enfant un cadre plus sécurisant, voire structuré. Un parent préoccupé par des contingences matérielles, qui vit dans une situation professionnelle instable ou qui ne s'épanouit pas personnellement dans ses activités aura tendance à accorder des soins plus carencés à ses enfants, une attention moins soutenue.

Cela dit, rien n'indique qu'une position sociale élevée soit en lien avec le niveau de culture d'un individu, que la position sociale prédispose à l'ouverture d'esprit, qu'un parent de cette catégorie sociale soit donc davantage en mesure de répondre aux besoins particuliers d'un enfant surdoué.

De plus, d'autres études affirment que, du point de vue statistique, l'élévation de la position sociale d'un individu décline en dessous de la population moyenne dès que l'on dépasse un QI de 140. Compte tenu du fait que le quotient intellectuel est un indicateur des capacités d'apprentissage d'un individu, il semble évident qu'un QI supérieur à la moyenne offre des facilités permettant la réussite dans le secondaire. Pour autant, le fait qu'un QI trop supérieur semble nuire à la « réussite », montre qu'il n'y a pas de lien nécessaire entre le niveau d'intelligence et le niveau social d'un individu.

La réussite professionnelle dépend de plusieurs facteurs : le conditionnement familial, le modèle de réussite familial et ce qu'il engendre en termes d'attente des parents quant à la réussite des enfants. Il dépend également des dispositions qu'un parent peut mettre en place pour soutenir financièrement son enfant dans sa scolarité et, bien sûr, de l'ambition individuelle. En aucun cas, la réussite n'est donc proportionnelle à l'intelligence.

Être disposé à la réussite signifie bénéficier d'un cadre adéquat et être capable de s'adapter à la société pour y trouver sa place. Comme la société est structurée pour répondre aux besoins de la majorité, donc de la norme, l'adaptabilité d'un individu se révèle sans doute être plus aisée lorsque le potentiel se trouve lui aussi relativement dans la norme.

À PARTIR DE QUEL QI EST-ON SURDOUÉ ? 5

La mesure de 130 de QI sur l'échelle de Wechsler est considérée, par la plupart des praticiens, comme le seuil permettant d'attester d'un surdon intellectuel, si l'observation clinique corrobore ces résultats. Néanmoins, pour d'autres spécialistes, dont Jean-Charles Terrassier, référence en matière de précocité en France, ce seuil est relativement arbitraire et susceptible d'exclure beaucoup d'enfants en souffrance qui seraient concernés par la douance, mais dont les difficultés pourraient abaisser le résultat. Par précaution, on peut donc considérer qu'à partir de 125 de QI, il est possible de suspecter, éventuellement, qu'un enfant est surdoué.

En effet, si ce seuil peut paraître arbitraire, c'est parce qu'il a été déterminé historiquement et pour des raisons statistiques. L'objectif étant de modéliser l'ensemble des performances d'une population selon une loi normale représentée par une courbe de Gauss (une courbe en cloche). Cette répartition des résultats permet ainsi de prédire, en fonction du QI, le rang d'un individu par rapport à l'ensemble de la population et d'établir que le QI moyen se situe à 100, au point culminant de la courbe. À mesure que l'on s'éloigne d'un QI de 100, la courbe régresse et il y a moins d'individus concernés.

Cette distribution des résultats sur une courbe de Gauss sert aussi à établir un écart-type, c'est-à-dire la mesure de la dispersion des résultats. Cet écart-type correspond, sur l'échelle de Wechsler, à 15 points. La détermination de la valeur d'un écart-type permet de savoir que la grande majorité des Français ont un QI compris entre 85 et 115. À partir de deux écarts-types, c'est-à-dire 30 points au-dessus de 100 ou 30 points en dessous, donc un QI qui atteint 130 ou inférieur/égal à 70, on ne retrouve plus qu'une minorité d'individus (2,3 % de la population) et on peut envisager de parler de surdon ou de déficience intellectuelle.

6 À QUEL ÂGE PEUT-ON FAIRE PASSER UN TEST ?

On peut, théoriquement, passer la WPPSI IV à partir de l'âge de deux ans et demi. Celle-ci se découpe en deux parties en fonction de l'âge de l'enfant, dont la première, qui ne comprend que sept subtests, est agréable à passer et ludique. Il est néanmoins recommandé d'attendre que l'enfant ait six ans et lui faire passer le WISC V.

Un enfant de deux ans et demi ou de quatre ans ne va pas forcément s'investir dans un test, comprendre son enjeu et s'appliquer comme il le faudrait. Les résultats peuvent donc ne pas être fiables. En outre, c'est le WISC V qui sera demandé par un établissement scolaire pour un futur saut de classe. Celui-ci est bien plus complet et bien plus fiable.

Avant l'âge de six ans, le profil cognitif de l'enfant n'est pas encore définitif. Lorsqu'un jeune enfant a passé la WPPSI, il devra passer le WISC pour que soit confirmée sa précocité.

7 QUELS SONT LES TESTS AGRÉÉS PAR L'ÉDUCATION NATIONALE ET QU'EST-CE QU'ILS MESURENT ?

Seuls deux tests sont reconnus par l'Éducation Nationale : le K-ABC et les échelles de Wechsler.

Les échelles de Wechsler, les plus utilisées en France, comprennent :

- La WPPSI IV (échelle d'intelligence de Wechsler pour la période préscolaire et primaire) utilisée pour les enfants de deux ans et demi à sept ans et trois mois.
- Avant octobre 2016, le WISC IV (échelle de Wechsler pour enfants et adolescents) pour les enfants de six ans à 16 ans et 11 mois.
- La WAIS IV, pour les enfants de plus de 16 ans (et les adultes).

Le WISC IV mesure l'étendue des capacités cognitives d'un enfant en fonction des compétences de la population générale. Ce test est découpé en quatre indices :

1. L'indice de compréhension verbale ou ICV : les compétences « verbales » et l'intelligence cristallisée.
2. L'indice de raisonnement perceptif ou IRP : les compétences dites logico-mathématiques, l'intelligence fluide et « le raisonnement visuel ».
3. La mémoire de travail et la capacité de rétention d'informations à court terme (IMT).
4. La vitesse de traitement de l'information (IVT).

L'intelligence cristallisée est la capacité d'utiliser les connaissances acquises et l'expérience. Elle est en lien avec la profondeur de la réflexion et la mémoire à long terme du sujet. Elle est le produit des « acquis » du sujet en lien avec l'intelligence fluide. L'intelligence fluide correspond à la capacité de penser de manière logique, en s'adaptant à des situations nouvelles. Elle est indépendante des connaissances acquises.

- À partir d'octobre 2016, le WISC V.

Le WISC V conserve les indices ICV, IMT et IVT.

L'IMT comporte une nouvelle épreuve visuelle. L'évaluation de la mémoire de travail n'est plus uniquement auditivo-verbale.

L'indice IRP du WISC IV se divise en deux indices distincts : L'indice visuospatial (IVS) et l'indice de raisonnement fluide (IRF).

Le WISC V comporte donc à présent cinq indices, au lieu des quatre de la version précédente.

L'indice visuospatial évalue exclusivement la capacité de raisonner à partir de formes géométriques (IVS).

L'indice de raisonnement fluide mesure, comme son nom l'indique, l'intelligence fluide (IRF).

8 QUELLES SONT LES COMPÉTENCES ÉVALUÉES PAR CHAQUE SUBTEST DES WISC IV ET V ?

- WISC IV

Au sein de l'indice de compréhension verbale (ICV), on trouve trois subtests principaux :

- « Similitudes » teste la capacité de l'enfant de créer des catégorisations, il permet d'évaluer le niveau de pensée conceptuelle, le raisonnement analogique et la capacité à penser par soi-même.
- « Vocabulaire » sonde le niveau de langage, la faculté de comprendre les subtilités du langage.
- « Compréhension » détermine le degré de compréhension des conventions sociales.

Au sein de l'indice de raisonnement perceptif (IRP), on trouve trois subtests principaux :

- « Cubes » évalue la coordination visuomotrice, la capacité de structuration spatiale, d'analyse et de synthèse.
- « Identification de concepts » mesure la capacité de catégorisation.
- « Matrices » examine la capacité d'induction et de déduction, le raisonnement analytique, la faculté de traiter plusieurs « dimensions » simultanément.

L'indice de mémoire de travail (IMT) est composé de deux subtests principaux :

- « Mémoire des chiffres » évalue la mémoire à court terme, c'est-à-dire le nombre d'informations qu'un individu est capable de maintenir à l'esprit simultanément et la capacité d'attention.
- « Séquences lettres-chiffres » montre la capacité à manipuler mentalement des données différentes, c'est-à-dire la mémoire de travail et l'aptitude à organiser, ranger mentalement ces informations.

L'indice de vitesse de traitement (IVT) est composé de deux subtests principaux :

- « Codes » mesure la capacité d'observation, d'imitation et de reproduction, la capacité de coordination visuomotrice et la vitesse de traitement de l'information. Elle nécessite de ne pas avoir de trouble graphique.
- « Symboles » examine la capacité de reconnaissance et de discrimination visuelle, et l'aptitude à agir vite.

• WISC V

L'indice de raisonnement perceptif de la version IV se divise en deux (Voir la question précédente).

De nouveaux subtests apparaissent :

- « Puzzles visuels » au sein de l'indice visuospatial (IVS) qui devient un subtest obligatoire, mesure la capacité de raisonner sur un support visuel.
- « Mémoire des images » au sein de l'indice de mémoire de travail (IMT), évalue la mémoire de travail sur un support visuel.
- « Balances » au sein de l'indice de raisonnement fluide (IRF) mesure la mémoire à court terme, la capacité à raisonner sur un support visuel et les compétences en arithmétique.

QU'EST-CE QUI VA CHANGER AVEC LE WISC V? 9

La version V du WISC est apparue fin 2016. Elle va progressivement remplacer la version IV.

Le choix de l'une ou l'autre version n'est pas encadré juridiquement. En revanche, la déontologie impose de ne pas utiliser une version obsolète. Un an après l'édition d'une nouvelle version, il est de rigueur qu'un praticien propose exclusivement la version la plus récente.

Une nouvelle version apparaît environ tous les dix ans et permet deux choses: la révision du test et un nouvel étalonnage statistique des résultats adapté à l'évolution des compétences cognitives.

En effet, l'intelligence générale augmente au fil des années, ce qu'on appelle l'effet Flynn, mais les compétences cognitives ne suivent pas une évolution linéaire: certaines augmentent, d'autres s'abaissent. Les compétences verbales tendent à s'amoindrir au fil du temps, peut-être parce que les jeunes lisent moins, mais les compétences visuospatiales sont meilleures. L'avènement d'un jeu comme Tetris et les jeux vidéo en général semblent avoir contribué à cette évolution.

La version V prétend être plus en accord avec le DSM, le manuel de diagnostic des troubles mentaux et mieux cibler certains troubles, donc permettre une lecture plus fine du profil cognitif d'un enfant. En revanche, cette nouvelle répartition en cinq échelles va amoindrir l'incidence de l'indice verbal sur le QI total de l'enfant. Cela dit, plus un test donne une mesure détaillée et précise des différents aspects du fonctionnement cognitif d'un enfant, moins le QI total présente d'intérêt en lui-même. Avec le WISC-V, obtenir un QI total calculable et supérieur à 130 devraient devenir très rare en raison du découpage entre plusieurs épreuves de nature différente, par conséquent, pour détecter un surdon il faudra analyser chaque indice séparément.

10 LES TESTS DE QI AGRÉÉS SONT-ILS INFAILLIBLES ?

Ce n'est jamais la mesure qui pose problème, mais bien ce qui est mesuré. Les tests sont toujours fiables, mais la personne testée n'est pas obligatoirement en pleine possession de ses capacités au moment du test.

Quand un test est fiable, on parle de validité. Les tests sont valides dans le sens où ils ne peuvent pas surestimer les capacités de quelqu'un, mais de nombreux biais peuvent faire baisser un résultat.

À ce titre, le psychologue devra chercher les raisons d'une épreuve plus faiblement réussie que les autres et estimera que celles qui sont mieux réussies, par rapport à ce qu'on peut observer des compétences d'un enfant par ailleurs, sont l'expression plus exacte de ses capacités réelles.

Parmi les nombreux facteurs qui peuvent être source d'un score sous-estimé, on retrouve d'abord le stress qui a tendance à sidérer la pensée et peut faire commettre des erreurs par précipitation. L'anxiété influe également fortement sur les résultats. Le manque de confiance en soi peut pousser un enfant à « se saboter ». Les problèmes de concentration, la dyslexie, la dysgraphie, la dyscalculie, la dépression, la prise de médicaments de type anxiolytique ou antidépresseur, les lacunes scolaires ou culturelles, le manque de sommeil, les préoccupations intérieures amoindrissent les performances.

Les tests de QI estiment donc les compétences d'un individu à un instant t, ils sont la « photographie » de sa performance à un moment de son parcours. Ils sont autant un indicateur de la performance de l'enfant qu'un baromètre de son état psychologique actuel. Lorsqu'un enfant est opposé au fait d'être testé, le résultat peut ne pas être représentatif du tout. Pour mesurer l'efficience intellectuelle, l'enfant doit accepter de coopérer.

Compte tenu de tous ces facteurs, il est de rigueur d'envisager un résultat avec prudence et de s'adresser à un praticien aguerri sur le sujet de la précocité, apte à analyser ces résultats et à en mesurer la pertinence.

QUELS SONT LES CRITÈRES D'HOMOGÉNÉITÉ D'UN PROFIL COGNITIF ?

11

Pour pouvoir calculer un QI global ou QI total, il est nécessaire que les résultats entre les différents indices et subtests ne soient pas trop éloignés les uns des autres.

Aux WISC IV et V :

Au sein des subtests de l'ICV, l'IRP (IVS et IRF pour la version V), l'IMT et l'IVT, on admet une différence de trois points.

Entre les indices (ICV, IRP (IVS et IRF pour la version V), IMT et IVT), une différence de 15 points est admise, au-delà, on parle d'hétérogénéité du profil cognitif.

Néanmoins, entre les indices ICV/IRP (ICV, IVS et IRF pour la version V) et IMT/IVT, on admet un plus grand écart. Dans le cadre d'une détection d'un haut potentiel, une différence plus grande est également tolérée entre ICV et IVT, en raison de la différence de nature de ces deux épreuves. En effet, le couple ICV/IRP n'implique pas les mêmes compétences que le couple IMT/IVT. Les épreuves ICV et IRP, fortement chargées en facteur g, sont en lien avec la scolarité. Les épreuves IMT et IVT sont l'expression des compétences cognitives « brutes » et demandent des capacités de mémorisation et de la rapidité dans la réflexion.

On pourra noter à ce titre que plus l'indice de vitesse de traitement est élevé, plus la mémoire de travail devrait être performante. En effet, plus la vitesse de traitement de l'information est grande, plus la capacité à traiter un grand nombre de données sera conséquente.

Entre l'ICV et l'IRP (ICV, IVS et IRF pour la version V), le praticien admet une plus grande hétérogénéité que 15 points lorsque l'ICV est particulièrement élevé. En effet, lorsque l'enfant a un excellent niveau, l'ICV peut vite grimper. Si celui-ci atteint les 155 par exemple, il est difficile que l'IRP atteigne les 140 (WISC IV) et encore plus difficile avec l'IVS de la version V qui mesure des aptitudes bien différentes de l'ICV ou de l'IRF, par exemple.

12 QUE FAIT-ON LORSQUE LE QI TOTAL N'EST PAS CALCULABLE ?

Un QI total n'est pas calculable quand les résultats sont trop hétérogènes. La première chose à faire dans ce cas, c'est de mener des investigations pour comprendre la ou les raisons de cette hétérogénéité et d'essayer d'y remédier. S'il y a une ou des raisons qui expliquent une trop grande hétérogénéité, il est cependant possible d'avoir un profil relativement hétérogène sans que cela soit l'expression d'un problème. L'individu a, simplement, des capacités inégales dans différents domaines. S'il n'a pas ressenti d'affinités avec les mathématiques par exemple, il peut ne pas avoir développé d'aptitudes particulières dans ce domaine. Le fait d'obtenir un score plus faible à une épreuve ou à un indice peut démontrer que le potentiel n'a pas été exploité.

En revanche, quand les résultats sont trop hétérogènes, il est possible, si les indices ICV et IRP (ICV, IVS et IRF pour le WISC V) sont cependant relativement homogènes entre eux, de calculer un indice d'aptitude générale (IAG) comme substitut au QI total. Celui-ci tiendra compte que des indices ICV et IRP (ICV, IVS et IRF pour le WISC-V), qui sont les plus fortement chargés en facteur g. L'IAG n'a cependant d'intérêt que dans la mesure où il est supérieur de plus de 10 points au QI total.

Il est également possible de déterminer ce qu'on appelle un profil potentiel. On calculera le QI de l'enfant en tenant compte du plus haut résultat qu'il a obtenu dans chaque épreuve. Comme les questions sont classées selon un ordre de difficulté croissante, on estimera que toutes les réponses précédentes devraient avoir été correctes. On attribuera donc tous les points aux questions antérieures, comme si elles avaient été réussies. Le profil potentiel ne pourra pas se substituer au QI total, mais donnera une indication des possibilités idéales d'un enfant. Cependant, dans la pratique, la détermination du profil potentiel est rarement faite.

Enfin, lorsque le profil est hétérogène, qu'un trouble a été détecté et « résorbé », il est intéressant de pratiquer un nouveau test de QI pour observer l'évolution du profil, mais en attendant au moins deux années pour une version du même test. Le cas échéant, la mesure pourrait être invalide à cause de l'effet d'apprentissage.

QU'EST-CE QUE L'IAG ET L'ICC ? 13

L'IAG (l'indice d'Aptitude Générale) est utilisé dans deux cas : lorsqu'il y a un soupçon de précocité ou de trouble « dys », pour valider l'hypothèse lorsque l'IMT et l'IVT sont bien en dessous des autres indices et dans le cas d'un individu qui aurait des lésions neurologiques, des troubles de la mémoire ou de la concentration.

L'ICC (l'indice des compétences cognitives) s'appuie sur les épreuves de mémoire de travail et de vitesse de traitement. Il s'utilise pour orienter les investigations. Dans le cas où l'on constate une grande différence entre l'IAG et l'ICC au profit du premier, l'hypothèse d'un trouble de la concentration ou d'une dyslexie semble plutôt crédible. Si la plupart des surdoués ont des résultats bien inférieurs à l'épreuve « Code » (au sein de l'IVT), un score trop faible, en revanche, peut signaler des difficultés graphiques (Voir la question « Les surdoués sont-ils souvent dysgraphiques ? »). Un score très faible en mémoire de travail (IMT) par rapport aux autres compétences peut éventuellement indiquer un trouble de la concentration qui entraverait la capacité de retenir une information de manière efficace.

En revanche, si l'ICC est supérieur à l'IAG, on peut soupçonner l'enfant d'avoir fortement désinvesti sa scolarité.

14 POURQUOI NE CALCULE-T-ON PAS UN QI TOTAL LORSQUE SES « COMPOSANTS » SONT HÉTÉROGÈNES ?

Dans une interview, Laure Manaudou révèle qu'au départ, elle voulait faire de l'athlétisme, mais que sa prédisposition pour la natation avait décidé de sa carrière. Elle n'aurait sans doute pas été la championne qu'on connaît si elle avait poursuivi l'athlétisme. Néanmoins, on peut attester à coup sûr que pour arriver à un tel niveau en natation il faut avoir, de manière générale, des aptitudes sportives élevées. Laure Manaudou n'a jamais été championne en athlétisme, mais elle était sans doute bien meilleure que la majorité des gens dans cette discipline.

Les mathématiques et le français par exemple, sont deux matières qui convoquent des aptitudes différentes. Mais, si on a une efficience plus importante que la moyenne, il n'est pas possible d'être extrêmement doué en français et d'obtenir des résultats inférieurs à la moyenne en mathématique sans que cela ne se justifie par un trouble spécifique ou un blocage psychologique. On ne calcule donc pas un QI total lorsque ses composants sont hétérogènes, car un tel QI est l'indice de difficultés spécifiques, il n'est pas représentatif des réelles performances d'un individu.

Par exemple, un QI de 120 ne voudra pas dire la même chose chez un individu dont tous les résultats gravitent autour de 120, que chez un individu qui aurait un indice de compréhension verbale (ICV) de 150 et un indice de raisonnement perceptif (IRP) de 92, avec un même total de 120. Dans le premier cas, la mesure semble *a priori* fiable, représentative. Dans le second, on peut avoir affaire à un surdoué dont le QI a été abaissé, voire faussé par un biais. De la même manière, un individu avec un ICV au-dessus de 130 et un IRP en dessous de la moyenne de 100, si le QI total arrive à 100, ne signifiera pas que l'efficience de cet enfant est moyenne.

15 LA DISTINCTION « PROFIL LAMINAIRE ET COMPLEXE » EST-ELLE PERTINENTE ?

La distinction « profil complexe et laminaire » revient à Fanny Nusbaum, directrice du centre PSYRENE de Lyon, qui identifie deux types de surdoués : ceux dont les résultats sont homogènes aux échelles de Wechsler, qui seraient plus adaptables, moins en souffrance, qui auraient un profil de « premier de la classe » et ceux dont les compétences sont hétérogènes, qui seraient plus rebelles, moins conformistes, plus créatifs, plus en difficulté dans la gestion de leurs émotions, en classe, avec notamment des difficultés d'attention, ainsi qu'au niveau de l'adaptabilité avec leurs pairs.

De plus, les profils complexes raisonneraient davantage sur le mode analogique (Voir question sur la pensée arborescente), ce qui peut induire des difficultés avec la planification et l'anticipation, tandis que les profils laminaires raisonneraient davantage sur un mode analytique (pensée linéaire) et fonctionneraient donc plus en adéquation avec les exigences du système scolaire.

Cette distinction en deux profils repose sur l'observation par IRMf (imagerie par résonance magnétique fonctionnelle) des différentes zones du cerveau activées quand le surdoué réfléchit. Ceux avec un profil homogène utiliseraient les deux zones du cerveau (gauche et droit) de manière équilibrée, tandis que ceux avec un profil hétérogène utiliseraient, majoritairement, une des deux zones seulement. Cependant, ces constats *a posteriori*, c'est-à-dire par observation empirique, ne permettent pas d'expliquer la raison de l'hétérogénéité des performances intellectuelles ni de déduire les raisons d'un lien présumé entre le fonctionnement intellectuel et le profil de personnalité d'un individu.

Il me semble nécessaire de rappeler que la construction individuelle n'est pas déterminée par le profil intellectuel. Un enfant surdoué au profil cognitif homogène qui naît dans une famille dans laquelle il n'est pas valorisé, dans laquelle son fonctionnement spécifique n'est pas pris en compte, n'aura pas davantage confiance en lui par exemple, qu'un surdoué au profil hétérogène qui est solidement accompagné.

Éric Turon-Lagot, psychologue spécialiste du haut potentiel différencie, quant à lui, le « surdoué » qui a un profil homogène, du « haut potentiel » au profil hétérogène et porteur d'un trouble associé comme la dyslexie, le TDAH et/ou un syndrome d'Asperger par exemple. Cette distinction revient à dire que les profils hétérogènes peuvent indiquer un trouble associé, une dysharmonie des capacités, un blocage émotionnel, mais n'est pas un profil cognitif en soi.

16 POURQUOI LES SURDOUÉS OBTIENNENT-ILS SOUVENT DES NOTES PLUS FAIBLES À L'IVT ?

Jean-Charles Terrassier a énoncé, avec humour, qu'un enfant qui réussirait brillamment les épreuves de vitesse de traitement (IVT) ne serait pas surdoué.

Ces épreuves sont traditionnellement les moins bien réussies par les enfants surdoués, même si, bien sûr, certains s'y adonnent avec plaisir et sans manifester de difficulté. Au contraire, elles sont les mieux réussies chez les déficients intellectuels. De nombreux auteurs se sont, à ce titre, interrogés sur la pertinence de cet indice dans le cadre d'une mesure de l'intelligence.

De nombreuses hypothèses ont été soulevées pour expliquer ce paradoxe. On a d'abord postulé que cette épreuve qui consiste à recopier une série de sigles le plus rapidement possible et de manière quasi automatique était peu stimulante, car répétitive et que les enfants surdoués, ayant besoin de difficultés pour mobiliser leur attention, échouaient fréquemment. Mais cela n'explique pas le fait que les déficients, quant à eux, la réussissent plus aisément.

En réalité, le cerveau des enfants surdoués est très rapide, mais ils échouent assez souvent par manque d'intérêt, excès de scrupulosité ou dans le cas de difficulté d'attention, de troubles neurovisuels.

17 L'ÉVALUATION DU QI SUFFIT-ELLE À LA DÉTECTION DU SURDOUÉ ?

Non. La démarche de détection est une démarche globale qui comprend une observation clinique et un test de QI. On préconisera également d'assortir le test de QI d'un test de personnalité.

En outre, ce n'est pas tant le résultat du test de QI qui a une « valeur diagnostique » que le profil de performance de l'individu. Une note maximale à l'épreuve « Information » qui mesure la culture générale de l'enfant aura moins de valeur, dans le cadre d'une détection de haut potentiel, qu'une note maximale à l'épreuve « Similitudes » du même indice. La première épreuve montrera la curiosité de l'enfant, la richesse du milieu culturel dans lequel il évolue ou son besoin de briller par ses connaissances. La seconde montrera ses capacités d'abstraction et sera davantage un révélateur de son intelligence.

Autrement dit, le résultat du test de QI est un élément essentiel, mais non central du processus de détection et on peut donc très bien se passer d'un QI total pour tirer des conclusions ou envisager des investigations supplémentaires.

S'il n'était question que d'effectuer des cotations de réponses pour déterminer celles qui sont correctes de celles qui sont incorrectes, un individu sans formation clinique pourrait faire passer un test de QI. Or, pour analyser ces tests, il faut d'abord avoir bien saisi quelles compétences sont impliquées dans chaque indice et épreuve afin d'être en mesure de déduire, en fonction de la dispersion des résultats, le profil cognitif de l'enfant. Donner un chiffre de QI sans explication n'a aucun sens.

Au-delà des valeurs chiffrées, le psychologue devra également être en mesure d'analyser, par exemple, les raisons d'un échec à un indice, une épreuve ou un item en fonction du comportement de l'enfant, mais aussi d'observer son comportement : est-il concentré ? Donne-t-il le meilleur de lui-même ? A-t-il compris l'enjeu du test ? Est-il coopérant ? A-t-il de l'assurance ? Semble-t-il répondre au hasard dès qu'il se trouve en difficulté ? Éprouve-t-il le test ou au contraire, cela semble-t-il l'amuser ? Etc. Son fonctionnement intellectuel : met-il en place des stratégies de mémorisation particulières ? Est-il stimulé par la difficulté ? Comment raisonne-t-il ? Etc.

Et enfin, le psychologue devra être en mesure de déterminer la qualité des réponses : la densité, la précision, la profondeur, la plus ou moins grande pertinence des réponses pour orienter son analyse des résultats. L'expérience du praticien et sa confrontation avec une population d'enfants surdoués sont des éléments essentiels à la fiabilité de ses conclusions.

De fait, les tests de QI ne sont pas faits pour apporter des diagnostics, quels qu'ils soient, mais sont à considérer comme le point de départ d'une réflexion globale sur l'individu.

18 LE TEST DE QI EST-IL ADAPTÉ POUR DÉTECTER UN SURDOUÉ ?

On ne peut pas prétendre qu'un enfant est surdoué s'il ne passe pas un bilan cognitif. De nombreuses caractéristiques pouvant faire penser à la précocité peuvent être le signe d'une pathologie psychiatrique ou d'un trouble cognitif (Voir la question sur les erreurs de diagnostic).

Cela dit, les tests de QI ne sont pas créés pour détecter le surdon. À l'origine, ils ont été inventés pour permettre de repérer la déficience intellectuelle, la possibilité d'un enfant de s'intégrer au système scolaire. Ils ne sont donc pas élaborés pour mesurer « l'intelligence », mais déterminent le potentiel d'un individu par rapport à l'ensemble de la population.

Ils sont aussi, d'ailleurs, moins fiables pour tester un surdoué que pour tester une déficience intellectuelle ou une intelligence moyenne, et cela, pour plusieurs raisons :

- Les tests sont très sensibles au stress. Une mauvaise gestion du stress fait perdre des points. Or, les enfants surdoués ont tendance à perdre leur sang-froid quand la pression est trop forte.
- Ensuite, la pensée des surdoués ne s'adapte pas facilement au fait de devoir produire une réponse dans un temps imparti. Le grand nombre de liens produits par leur cerveau peut éventuellement ralentir l'action de la pensée. Ils ont également tendance à être perfectionnistes et à vérifier plusieurs fois une réponse, donc à perdre du temps.

Pour ces raisons, les surdoués perdent donc souvent des points aux parties chronométrées du test.

De plus, certains obtiennent la note maximale à différents subtests, ce qui entraîne un effet plafond : on ne peut plus mesurer les compétences au-delà d'une certaine limite, celle-ci est donc moins représentative.

Et enfin, comme le pourcentage de personnes baisse à mesure que la difficulté du test augmente, dès que l'on dépasse les 130 de QI, il est possible de gagner plusieurs points à la réussite de quelques questions seulement. À ce niveau donc, la mesure est, encore une fois, plus imprécise puisque l'échec ou la réussite à peu de questions peuvent revêtir une part de hasard.

PEUT-ON AUGMENTER SON QI EN S'ENTRAÎNANT AUX TESTS ? 19

On ne peut pas augmenter son QI au-delà d'une certaine marge en s'entraînant aux tests. Chaque individu dispose d'une possibilité d'évolution, mais personne ne peut aller au-delà de ses capacités. Un déficient intellectuel ne deviendra jamais un individu brillant, par exemple. Un enfant surstimulé culturellement et travailleur ne peut pas être détecté surdoué s'il ne l'est pas. Les enfants surstimulés ont d'ailleurs tendance à se décontenancer pendant le passage d'un test, c'est-à-dire dès qu'ils doivent réfléchir en autonomie, sans être dirigés, poussés. C'est l'avis de Jeanne Siaud-Facchin.

La question de l'évolution des performances cognitives intéressait déjà Alfred Binet, psychologue reconnu pour sa contribution au développement de la psychométrie, avant les années 80. Celui-ci avait proposé des exercices « d'orthopédie mentale » avec l'objectif de réussir à éduquer l'intelligence. Sans grand succès.

Ce n'est que dans le courant des années 80 que le PEI, le Programme d'Enrichissement Instrumental créé par Reuven Feuerstein, destiné à développer les fonctions cognitives, a permis de faire progresser un score aux tests. Pour autant, ce programme s'est révélé n'avoir que peu d'intérêt, car s'il permet bien d'obtenir une évolution légère des performances aux tests cognitifs, il ne permet pas de faire évoluer d'autres compétences en dehors de celles qui sont propres aux tests cognitifs.

Par ailleurs, certains médicaments qui traitent l'hyperactivité sont prétendument connus pour améliorer la concentration, la mémoire et augmenter par conséquent artificiellement les « performances intellectuelles » des individus qui n'ont pas de problème de concentration. Ces médicaments sont de plus en plus détournés de leurs fins médicales, utilisés notamment par certains étudiants aux États-Unis pour améliorer leur « rendement intellectuel ». En revanche, ils n'augmentent pas la sagacité, la finesse d'analyse et sont dangereux pour la santé.

20 LE QI ÉVOLUE-T-IL AVEC L'ÂGE ?

On sait que l'intelligence demeure à peu près stable tout au long de la vie d'un individu. Cependant, il arrive parfois que les enfants testés jeunes perdent des points de QI lorsqu'ils sont à nouveau testés à l'adolescence. Le fait de dire que l'adolescence est « l'âge bête » n'est pas sans évoquer un phénomène qui prend ici toute sa réalité. L'enjeu d'un test de QI n'est pas le même pour un jeune enfant que pour un jeune adulte en pleine recherche identitaire. Les adolescents sont beaucoup plus angoissés face au fait d'être testés, car ils sont rapidement attaqués dans leur narcissisme par les potentielles conséquences d'un échec. Et surtout, ils subissent des changements hormonaux qui mobilisent une énergie conséquente au détriment des ressources intellectuelles. De plus, on observe que les réponses correctes « difficiles » d'un enfant jeune rapportent très vite un grand nombre de points, tandis que les petites erreurs sont très pénalisantes pour un adolescent.

Le QI d'un individu est à son apogée entre 25 et 35 ans, au moment de conjonctions entre la maturité émotionnelle et l'activité optimale des fonctions cérébrales. Les compétences intellectuelles déclinent ensuite avec le temps, de façon discrète jusqu'à la vieillesse, dans une moindre mesure si elles sont entretenues. C'est principalement la mémoire et la concentration, les tâches complexes et la vitesse de traitement qui seront affectées. Néanmoins, même en vieillissant, le QI est censé rester stable puisqu'il est calculé en fonction des compétences attendues par rapport à l'âge de la personne : il tient donc compte des dégénérescences normales liées à l'âge. Par contre, en cas de pathologie venant accélérer ces dégénérescences, le QI peut évidemment chuter.

Dire que le quotient intellectuel demeure stable, c'est dire qu'il demeure compris dans un certain intervalle. Pour cette raison, certains thérapeutes ne donnent pas de chiffre précis, mais une valeur comprise entre deux nombres, en tenant compte de ce qu'on appelle l'intervalle de confiance.

21 LE QI DÉTERMINE-T-IL VRAIMENT L'INTELLIGENCE ?

Le QI est censé déterminer l'intelligence. Il ne se passe pas une journée sans que toutefois on découvre un article qui affirme que le QI n'a rien à voir avec l'intelligence. On comprend aisément pourquoi : les tests de QI sont discriminants, c'est-à-dire qu'ils déterminent une distinction entre les individus. Parce qu'ils sont discriminants, on les accuse d'être discriminatoires. À l'inverse, certaines personnes conçoivent un test de QI comme si c'était un voyant extra-lucide, prompt à leur dire toute la vérité sur eux-mêmes.

Dans les deux cas, on se fourvoie sur une chose : le test de QI n'est qu'un instrument de mesure, un outil. L'analyse de ces tests devrait prendre place dans le débat philosophique sur l'intelligence. C'est la réflexion autour du concept d'intelligence qui doit diriger la construction des tests !

On peut aussi refuser d'adhérer à l'idée que l'intelligence puisse être exprimée en termes de mesure, de degré et considérer les tests comme de simples outils pour évaluer des particularités du raisonnement. David Wechsler lui-même, l'auteur des premières échelles du même nom ne prétendait pas pouvoir mesurer toute l'intelligence, mais seulement certains aspects en lien avec un contexte donné. À ce titre, on peut reprocher aux tests utilisés en France de ne comporter que quelques possibilités de réponses correctes et, par conséquent, de ne pas permettre d'apprécier la qualité de raisonnements hétéroclites ou de mesurer la pertinence de réponses alternatives. Si on prend la définition du terme « toujours », on peut en dire : « C'est un indicateur de temps qui marque la permanence. », ou imaginer une réponse métaphorique : « Je resterais assis sur ce banc à t'aimer, tant qu'il me restera de l'air à respirer. » Dans les deux cas, le sens précis est saisi, la deuxième réponse sera pourtant cotée comme étant fausse.

La question de savoir si le test représente véritablement l'intelligence n'a finalement que peu d'intérêt. La question fondamentale est de savoir si le test remplit efficacement sa fonction, qui est de mettre en lumière les forces et faiblesses de n'importe quel individu afin de pouvoir judicieusement lui venir en aide et non pour juger sa valeur. On sait qu'un QI élevé est en lien avec un certain profil affectif et cognitif qu'on attribue au surdoué. Le test de QI a donc un caractère prédictif. Sans les tests, on enfermerait encore probablement certains déficients intellectuels et surdoués dans des hôpitaux psychiatriques, au lieu de les comprendre et de les aider.

22 QUELLE EST LA VISION DE LA PSYCHANALYSE SUR LE SURDON INTELLECTUEL ?

Il existe aujourd'hui une vision différente du surdon entre les praticiens d'orientation psychanalytique et les cognitivistes. Pour les psychanalystes, le surdon intellectuel est de l'ordre de la psychopathologie. L'enfant ne peut pas renoncer à sa toute-puissance. Sa problématique a pour cause sa mère qui l'a « surinvesti » ou, au contraire, « sous-investi », tout comme pour expliquer l'autisme, l'homosexualité, la psychose...

Les compétences intellectuelles sont, de plus, la manifestation du détournement de la pulsion sexuelle (la libido) et de l'agressivité. Elles ont la fonction de permettre à l'enfant de se parer contre l'envahissement d'angoisses qui viendraient déstructurer la personnalité et le conduire à la psychose. Cela engendre le fait que l'intelligence n'est pas un potentiel inné, mais se construit en lien avec l'environnement. La sur-intelligence est, pour eux, un symptôme défensif et « surdoué », un terme pour désigner une « organisation psychique ».

Cette conception est néanmoins mise à mal par la recherche sur les enfants surdoués. Nous savons en effet aujourd'hui qu'ils manifestent déjà, à la naissance, des différences sur le plan du développement. Imaginer une telle influence du milieu sur un nourrisson, quand on mesure le faible degré de conscience que celui-ci a de son environnement, est un peu abracadabrant. Et puis, grâce aux progrès de l'imagerie cérébrale, on sait également maintenant que la morphologie du cerveau des enfants précoces est différente (Voir la question sur le cerveau des enfants surdoués) et qu'il y a donc tout lieu de penser que cette différence est innée.

Pour autant, il semblerait, dans de très rares cas, qu'un enfant puisse développer des compétences particulièrement élevées dans un indice, en général l'indice verbal, au détriment d'un indice de raisonnement perceptif, le plus souvent très affaissé, pour tenter de maintenir une cohérence interne et empêcher sa personnalité de se déstructurer. Ces compétences verbales seraient donc la manifestation d'un trouble de la personnalité sous-jacent. Cela dit, en aucun cas, l'enfant ne développera les particularités affectives et cognitives du surdoué et le système de défense mis en place ne fonctionnera que jusqu'à l'adolescence.

PROFIL, FONCTIONNEMENT DU SURDOUÉ

PEUT-ON CESSER D'ÊTRE PRÉCOCE ? 23

« Enfant précoce » est l'appellation courte de « enfant intellectuellement précoce » utilisée notamment par l'Éducation Nationale pour qualifier des enfants qui disposent d'une intelligence supérieure. On utilise souvent l'acronyme EIP.

« Enfant intellectuellement précoce » veut dire « enfant surdoué ». « Enfant surdoué » implique que l'on sera un adulte à haut potentiel, ou un adulte surdoué. Ces termes sont des équivalents, même si « précoce » est utilisé uniquement pour parler des enfants.

Un enfant précoce ne cesse donc pas d'être précoce en grandissant, il est simplement nommé de façon différente.

« Précoce » signifie littéralement « en avance ». Cette appellation peut prêter à confusion. On s'imagine que l'enfant évolue plus rapidement, mais qu'il va se synchroniser avec les autres à un moment. En réalité, l'enfant précoce est en avance sur certains plans et pas sur d'autres (Voir la question sur la dyssynchronie). Il a un fonctionnement général particulier et aura ce même fonctionnement lorsqu'il sera adulte.

24 COMMENT NOMME-T-ON LES ENFANTS SURDOUÉS ?

Il existe de nombreuses appellations pour parler des enfants précoces :

- Enfant surdoué : c'est le terme le plus ancien que l'on trouve pour la première fois dans le manuel de psychiatrie de Julian Ajuriaguerra, en 1959. C'est le terme le plus éloquent pour le grand public, même s'il peut prêter à confusion. Quand on pense à « surdoué », on imagine un individu ayant de multiples talents, voire la science infuse, ce qui est loin d'être le cas dans la réalité.
- Haut Potentiel (ou HP) : utilisé de manière indistincte pour parler des enfants et des adultes. Le terme est intéressant puisque l'idée de « potentiel » indique donc que rien n'est acquis ; l'enfant n'a pas de don, mais de multiples possibilités qu'il peut, ou non, exploiter. C'est l'appellation utilisée au départ par les professionnels, mais qui tend à être employée par de plus en plus de parents.
- Haut quotient intellectuel (ou très haut quotient intellectuel si le QI dépasse 145). On utilise, dans ce cas, davantage les acronymes respectifs, HQI ou THQI, que les termes. Cette appellation est assez restrictive, car le QI n'est pas une condition nécessaire pour parler d'un enfant surdoué.

Il n'y a pas actuellement de consensus scientifique sur le terme à utiliser.

25 QUELLES SONT LES PREMIÈRES MANIFESTATIONS DE LA PRÉCOCITÉ ?

Selon Arielle ADDA, les enfants précoces naissent souvent avec quelques jours d'avance sans pour autant présenter de signe de prématurité. De manière générale, dès les premiers mois de la vie, les parents remarquent fréquemment une grande capacité d'exploration visuelle chez le bébé qui scrute son environnement, ainsi que de grandes capacités attentionnelles. Les parents parlent souvent d'un regard « éveillé », voire « dérangeant » et d'un bébé particulièrement tonique.

Il semblerait également que les bébés surdoués aient des besoins en sommeil moindres par rapport aux autres et qu'ils fassent plus rapidement leurs nuits. Les travaux de Laurence Vaivre-Douret tendent à affirmer qu'il existe bien un développement général plus rapide de l'enfant et particulièrement sur le plan psychomoteur. Selon ses observations, la station assise sans soutien est acquise vers six mois chez le précoce, vers huit mois chez l'enfant lambda. La marche autonome en moyenne à 12 mois, contre 14 mois pour un enfant tout-venant. Ces valeurs sont des moyennes statistiques, cela veut dire que certains enfants qui marchent plus tôt peuvent ne pas être surdoués et inversement.

Certains enfants surdoués peuvent aussi marcher plus tard que les autres enfants, c'est-à-dire manquer d'assurance pour les tâches qui demandent de l'équilibre, par anticipation du danger que représente la chute, par peur de se faire mal, tandis qu'un enfant « ordinaire » n'y penserait même pas.

En revanche, l'acquisition précoce de la parole est un signe plus probant de précocité intellectuelle. Chez un enfant tout-venant, les premiers mots sont énoncés vers 12 mois en moyenne. Chez l'enfant précoce, certains parents relatent de premières tentatives pour parler (sans toutefois y arriver en raison de l'immaturité de la physiologie des organes vocaux) vers les trois mois. D'autres enfants précoces, en revanche, sautent l'étape du babillage et ne parlent que lorsqu'ils maîtrisent bien le langage. Ils ne parleront pas nécessairement plus tôt, mais directement avec des phrases élaborées, construites, sans passer par l'étape du « langage bébé ». C'est alors la facilité avec laquelle ils formulent rapidement des phrases complexes, la variété et la précision de l'utilisation du vocabulaire qui étonnera l'entourage.

26 QUELS SONT LES INDICES ANNONCIATEURS DE LA PRÉCOCITÉ ?

Parmi les signes annonciateurs les plus éloquents, on note :

- L'enfant qui a appris à lire seul avant l'âge de six ans.
- L'enfant qui communique avec un vocabulaire choisi, voire précieux.
- L'enfant agité, mais qui parvient à se concentrer quand une activité l'intéresse.
- L'enfant curieux de tout, qui pose des questions originales, qui a des passions particulières et qui se montre insatiable dans son besoin d'approfondissement.
- L'enfant désireux d'apprendre, passionné par les livres.
- Une mémoire particulièrement importante.
- Une grande imagination et un sens de l'humour particulier (Voir la question correspondante).
- Des « préoccupations morales » précoces : l'enfant est rapidement soucieux du bien-être d'autrui et particulièrement sensible à l'injustice.
- Des questionnements métaphysiques précoces, sur la mort, la vie, l'origine du monde par exemple.
- Des troubles somatiques ou l'apparition de signes de souffrance : tristesse, difficulté d'endormissement, sommeil agité, terreurs nocturnes, eczéma, anxiété : maux de ventre par exemple, etc.
- Des difficultés d'interaction avec des camarades du même âge.
- Un côté absolu dans le caractère : l'enfant ne connaît pas la demi-mesure.

Il n'y a pas de signe pathognomonique. C'est le cumul de plusieurs caractéristiques, d'une intensité particulière, qui est significatif d'un surdon intellectuel.

27 ENFANT SURDOUÉ OU « VICTIME » DE L'EFFET BARNUM ?

En 1949, le psychologue Bertram Forer fait passer à ses étudiants un test de personnalité. En guise de compte rendu, il transmet à chacun la même analyse qu'il a élaborée en combinant différents horoscopes. Il leur demande ensuite d'apprécier l'exactitude du profil qu'ils ont reçu sur une note allant de 0 à 5. La moyenne des résultats de 4,26 démontrera que la plupart des étudiants se sont reconnus de manière positive, en étant persuadés que l'analyse ne s'appliquait qu'à eux.

On appellera ensuite « effet Barnum » ce mécanisme qui pousse un individu à s'identifier à des caractéristiques générales comme étant le reflet de lui-même.

Il arrive que certains parents s'interrogent sur une éventuelle précocité de leur progéniture après avoir vu certaines caractéristiques dans une émission ou un livre sur les surdoués sans que celle-ci le soit. On peut se douter que pour un parent, il est plus séduisant d'imaginer que l'échec scolaire, les troubles du comportement, la fragilité de son galopin, sont dus à un surdon plutôt qu'à un désordre émotionnel ou une mauvaise éducation. Pour autant, il faut reconnaître que les caractéristiques cliniques utilisées pour distinguer les surdoués sont relativement vagues et peuvent s'appliquer à un grand nombre de personnes. Par exemple, on dit que les surdoués sont hypersensibles, mais quel enfant n'est pas hypersensible dans une certaine mesure ?

Certains bambins peuvent très bien correspondre au profil, mais ne pas être surdoués. D'autres, peuvent être surdoués, mais ne pas parfaitement correspondre aux caractéristiques décrites.

Lorsque l'on parle des particularités de fonctionnement des surdoués, on est indéniablement obligés de reconnaître que :

1. Ces caractéristiques peuvent concerner un grand nombre d'enfants.
2. Un petit surdoué peut s'identifier à des caractéristiques qui ne sont pas les siennes, en allant jusqu'à les développer par mimétisme.

28 LE SURDON EST-IL UN DIAGNOSTIC PSYCHIATRIQUE ?

Non, le surdon intellectuel n'est pas considéré comme un diagnostic psychiatrique. Lorsque l'on dit d'un individu qu'il a été diagnostiqué hyperactif, par exemple, on pose un terme pour déterminer la nature de ce dont il souffre. Or, le surdon intellectuel n'est pas une affection. C'est la raison principale pour laquelle on ne retrouve pas le terme dans le DSM ou les manuels de psychiatrie alors que la déficience intellectuelle, elle, y figure.

Cependant, on entend souvent dire : « Cet enfant a été diagnostiqué surdoué ». La raison à cela tient sans doute au fait que le surdon, comme la maladie mentale, peut être identifié par une série de caractéristiques comportementales, de « symptômes » et que le « diagnostic » de précocité vient expliquer une souffrance vécue par l'enfant. Y a-t-il seulement des symptômes de la précocité ? Le surdon intellectuel est-il obligatoirement source de souffrance ?

S'il y a des surdoués généreux et altruistes, il y a aussi, dans cette population, des gredins, pingres et égocentriques, comme chez n'importe quel être humain. Donc, si on est capable de déterminer des caractéristiques de comportement *a posteriori* pour identifier un précoce, celles-ci ne sont pas la condition ***sine qua non*** qui est le gage d'une avance intellectuelle. Autrement dit, il n'y a pas de « symptômes » du surdon intellectuel.

Et puis, lorsqu'un enfant précoce est en souffrance, le surdon n'en est pas nécessairement la cause. Tout au plus, le malaise peut être la conséquence du surdon. La nuance est importante puisqu'elle permet de délimiter ce qui est de l'ordre du pathologique et ce qui est de l'ordre d'une spécificité de fonctionnement intellectuel. Il y a, en effet, autant de raisons de penser qu'un fonctionnement intellectuel performant soit source de joie, d'épanouissement intellectuel, de réussite sociale et scolaire que responsable de difficultés.

Par commodité, on peut dire d'un enfant qu'il a été « diagnostiqué » surdoué. Cela n'est pas problématique en soi, sauf lorsque cette « commodité » porte préjudice à la vision que l'on se fait de la précocité, lorsqu'elle sous-entend un déterminisme dans le caractère de l'enfant et l'idée d'une pathologie.

29 LES ENFANTS SURDOUÉS ONT-ILS DE LA PERSONNALITÉ ?

Un enfant surdoué a, parfois, une identité fragile (Voir question correspondante), mais a, en général, beaucoup de personnalité.

Extérieurement, les enfants précoces apparaissent « différents », difficiles à cerner et pleins de surprises. Leur personnalité semble complexe, pleine de nuances, de paradoxes.

- 1er paradoxe : Ce sont des enfants qui revendiquent fréquemment leur indépendance, ne supportent pas tout ce qui vient entraver leur liberté et qui se montrent, en même temps, dans une dépendance affective à l'entourage : amis, famille…
- 2e paradoxe : Ils peuvent éventuellement dégager de l'assurance, une sorte d'aura. Au fond, ce sont pourtant des individus inquiets, ayant le besoin d'être soutenus, entourés, cajolés et aimés démesurément pour pouvoir se faire vraiment confiance.
- 3e paradoxe : Ils étonnent par leur maturité intellectuelle : une hauteur de vue sur de nombreux sujets, une grande capacité d'analyse, une extrême lucidité et des raisonnements aboutis et profonds. Et, en même temps, ils peuvent se comporter longtemps comme de gros bébés naïfs, ayant des peurs irrationnelles.

Globalement, ce sont des individus qui sont gouvernés par une gigantesque affectivité et qui fonctionnent principalement à l'émotion. Ils sont excessifs dans tout : amour ou haine, procrastination ou suractivité. Ils sont trop timides ou trop prétentieux, trop solides ou trop fragiles et prennent tout à cœur : la moindre critique, le moindre échec, le moindre événement à vivre…

Ils sont aussi extrêmement perfectionnistes et scrupuleux et, à ce titre, mus par une exigence implacable : une exigence personnelle, amicale et face à l'existence. Ils sont souvent absolus dans leurs engagements, très passionnés, jusqu'au-boutistes et ont un grand besoin de contrôle.

30 QUE VEUT DIRE « L'ENFANT SURDOUÉ EST HYPERSENSIBLE » ?

Ce que l'on entend par hypersensibilité, dans le langage courant, c'est une exacerbation des émotions, souvent source de souffrances.

Cette définition ne rend pas compte des différentes formes et manifestations de l'hypersensibilité. Une personne souffrant de dépression peut devenir extrêmement sensible à toutes formes d'émotions : fondre en larmes brusquement, passer par des états émotionnels intenses et fluctuants, développer une aptitude à s'émouvoir ou à ressentir pour autrui de la compassion et de la tendresse.

Les personnes souffrant de déficience intellectuelle sont également connues pour être particulièrement sensibles sur le plan émotionnel.

L'hypersensibilité de l'enfant surdoué n'est pas qu'une simple exacerbation de sa sensibilité, mais une façon « d'être au monde ». C'est une caractéristique de fonctionnement qui lui permet de saisir avec une plus grande acuité tout ce qui se passe dans son environnement.

Pour mieux cerner cette notion d'hypersensibilité chez le surdoué, il est préférable d'utiliser le terme, employé par le psychiatre polonais Kazimierz Dabrowski, d'hyperexcitabilité. L'enfant surdoué reçoit davantage de stimuli de son environnement sur le plan psychomoteur, sensoriel, imaginaire, intellectuel et émotionnel. Cette hyperexcitabilité est due à la grande réactivité de son cerveau qui amplifie toutes les expériences de la vie.

Lorsque cette hyperexcitabilité n'est pas canalisée, cela peut aller jusqu'à donner un caractère excessif aux réactions de l'enfant ou pseudo-pathologique, dans certains cas. Il peut également développer des phobies, des tics, des TOC, de l'anxiété, manifester des tendances à la paranoïa ou somatiser à outrance. Il peut devenir insatiable jusqu'à l'obsession, en décidant d'étudier un sujet sous toutes ses coutures, par exemple, ou fuir le réel dans l'imaginaire.

En revanche, lorsque l'hyperexcitabilité est canalisée, elle est source de plaisir pour l'enfant, elle permet d'appréhender son environnement avec une grande acuité.

L'hypersensibilité du surdoué n'est pas un trait de personnalité, mais une exacerbation de ses perceptions intrinsèquement liée à son efficience, c'est-à-dire à sa capacité de saisir un nombre plus élevé d'informations de son environnement, elle-même liée à la qualité de son raisonnement, elle-même liée à sa grande lucidité. L'enfant surdoué est un hyper réceptif.

31 COMMENT SE MANIFESTE L'HYPEREXCITABILITÉ CHEZ L'ENFANT SURDOUÉ ?

L'exacerbation de la perception est au cœur de la notion d'hyperexcitabilité. Cela peut se manifester de différentes manières selon les individus. On rapporte néanmoins le plus fréquemment les manifestations suivantes :

Sur le plan sensoriel : l'enfant est hyperesthésique, ce qui signifie qu'il ressent une exagération, non pathologique dans son cas, de la sensibilité des divers sens : vue, odorat, ouïe, goût et toucher.

Il est davantage sensible aux bruits : il peut s'effrayer pour un rien, ne pas réussir à travailler ou à s'endormir dans une pièce bruyante, se plaindre des bruits répétitifs et trop forts.

Aux odeurs : il peut déceler facilement un parfum dans l'air ou un ingrédient caché dans un plat, ne pas supporter certaines odeurs.

À la lumière : les lumières fortes provoquent, dans certains cas, des éblouissements importants et douloureux.

Au toucher : on rapporte souvent que les enfants sont dérangés par les étiquettes des vêtements, les fibres synthétiques, les vêtements trop serrés, la laine ou les coutures des chaussettes.

À certaines textures ou couleurs d'aliments : l'enfant est fréquemment difficile avec la nourriture.

Aux besoins : ils sont très sensibles à la sensation de faim et de fatigue.

Sur le plan émotionnel : leurs émotions s'emballent facilement.

Lorsqu'un surdoué aime quelque chose, c'est de manière absolue et démesurée. Lorsqu'il déteste quelque chose, c'est avec la même intensité. Il peut également avoir des réactions excessives : se mettre en colère ou fondre en larmes brusquement, faire des crises de colère qui durent une ou deux heures, changer d'humeur de manière radicale.

Il est également très sensible aux émotions d'autrui qu'il perçoit avec une grande acuité.

Il réagit plus violemment aux excitants : boisson énergétique, vitamine C.

Sur le plan intellectuel : il est très curieux. Il a un goût pour l'acquisition des connaissances et la réflexion.

Sur le plan psychomoteur : il dispose d'une énergie physique débordante. Il est souvent décrit comme étant un enfant bouillonnant d'énergie et infatigable.

Sur le plan imaginaire : son imagination est hyperactivée et débridée, il est porté à la rêverie et à l'inventivité de façon permanente.

32 COMMENT SE MANIFESTE LA CURIOSITÉ DE L'ENFANT SURDOUÉ ?

L'enfant précoce manifeste, dès son plus jeune âge, une grande curiosité intellectuelle. Il veut connaître le pourquoi et le comment de tout.

Cette curiosité se distingue de celle d'un enfant lambda par son intensité et sa finesse : les questions sont permanentes ; le bambin semble insatiable et ne se satisfait pas de réponses vagues ou approximatives. Les questions sont fréquemment particulièrement élaborées.

La variété et l'originalité des questions étonnent fréquemment l'entourage. On constate également une tonalité particulière des domaines de curiosité qui trahissent des préoccupations qui ne sont pas celles des enfants du même âge, par exemple : la moralité, des questions existentielles précoces sur la mort, la vie, la liberté qui peuvent apparaître vers l'âge de trois ans déjà.

Le surdoué aura tendance à poser des questions particulièrement rationnelles qui indiquent sa volonté de rendre cohérent son environnement, par exemple : « Le paradis est où, dans l'espace ? », « Si quand les hommes meurent, on les enterre, pourquoi dit-on qu'ils vont au ciel ? », « Si c'est le père Noël qui amène les cadeaux, pourquoi y a-t-il des magasins de jouets ? », « Si la drogue est interdite, pourquoi y a-t-il des drogueries ? »

Il posera également des questions qui évoquent sa volonté de maîtriser, rendre intelligible son environnement : « Si on est au XXIe siècle, à quel siècle vivaient les hommes préhistoriques ? »

Et, enfin, des questions morales, existentielles, qui marquent la volonté de donner un sens aux actes humains : « Pourquoi les terroristes sont-ils méchants ? », « Pourquoi mon camarade de classe tape-t-il tout le monde ? » etc.

Les domaines de curiosité sont souvent marqués par des intérêts spécifiques sur lesquels le petit surdoué s'obnubile avant d'en changer quand il pense en avoir fait le tour. Lorsque la curiosité est trop forte, l'enfant aura tendance à naviguer sur différents sujets sans vraiment approfondir ses connaissances. On lui reprochera de temps à autre d'être superficiel.

Ce qui permet de distinguer la différence entre la curiosité d'un enfant lambda et celle d'un précoce, c'est la nature des questions : si tous les enfants sont curieux, très peu d'entre eux s'interrogent spontanément sur l'origine des hommes, de l'univers ou sur des notions philosophiques.

De manière générale, les questions de l'enfant démontrent une appétence pour la connaissance et la réflexion. On a souvent l'impression que comprendre est vital pour lui. Lorsque ses questions ne trouvent pas de réponse, cela le plonge dans l'inquiétude.

33 LE CERVEAU DES ENFANTS SURDOUÉS FONCTIONNE-T-IL DIFFÉREMMENT ?

L'enjeu de la compréhension des surdoués se situe sans aucun doute au niveau des avancées de l'imagerie médicale. À ce jour, la recherche ne fait que débuter et on peut s'attendre à comprendre mieux les particularités cognitives de ces enfants à l'avenir et pourquoi pas, à utiliser ces moyens pour améliorer la fiabilité de la détection des surdoués.

Ce que l'on sait, d'ores et déjà, c'est que le cerveau des enfants précoces fonctionne plus rapidement (les informations circulent plus rapidement dans les neurones) que celui des autres enfants et de manière quasi automatique, inconsciente. Ce cerveau est également morphologiquement différent. Et enfin, que les connexions effectuées par les surdoués sont plus riches et plus « cohérentes » entre les deux hémisphères cérébraux.

L'observation par IRM (imagerie à résonance magnétique) qui permet de visualiser l'anatomie du cortex montre, en effet, une morphologie des sillons et circonvolutions du cortex temporo-pariétal des enfants surdoués qui est différente (Observations de Michel Habib, neurologue au CHU de Marseille).

De plus, l'observation par IRM de diffusion (permettant de mettre en lumière les structures fibreuses, notamment de matière blanche du cerveau) démontre que les enfants surdoués ont une organisation différente de ces fibres et disposent d'une plus riche connectivité que les enfants ordinaires.

Et enfin, l'EEG (électroencéphalogramme) qui mesure l'activité électrique met en lumière que, pour la résolution d'une tâche, les différentes parties du cerveau communiquent mieux entre-elles (au niveau du cortex temporo-pariétal) chez les enfants surdoués au profil cognitif homogène. En revanche, les surdoués au profil cognitif hétérogène font davantage travailler leur zone pariétale, tandis que la zone dorso-latérale, responsable du contrôle du comportement et des idées/émotions est moins activée. (D'après une étude réalisée à Lyon par les docteurs Dominique Sappey-Marinier et Pierre Fourneret, la psychologue Fanny Nusbaum et le neuropédiatre Olivier Revol).

Ces recherchent portent néanmoins, à ce jour, sur un nombre encore limité de sujets.

QU'EST-CE QUE « PENSER EN ARBORESCENCE » ? 34

On dit que certains surdoués pensent de manière arborescente, par opposition à la pensée linéaire. Pour formaliser le fonctionnement de la pensée linéaire, on peut imaginer un segment, délimité par deux points A et B. Tous les points qui constituent le segment s'enchaînent en suivant un tracé droit, un point de départ et un point d'arrivée. La pensée linéaire, c'est la pensée logique et méthodique qui permet, par exemple, d'ordonner sa réflexion en trois axes distincts « d'intérêt hiérarchique » jugés équivalents, lors d'une composition à l'école.

La pensée arborescente est constituée d'un segment qui se divise en plusieurs segments qui se démultiplient eux-mêmes en d'autres segments. Lorsqu'un enfant précoce réfléchit, à partir du point A, se dessinent de multiples embranchements. Cette façon de penser en arborescence n'a rien à voir avec le fait d'être préoccupé par plusieurs choses à la fois. Elle n'est pas une façon de « rêvasser » dans plusieurs directions différentes. Il existe un lien entre les idées, comme une pensée en réseau.

Ce mode de pensée peut rendre éventuellement difficile le fait de suivre le cheminement intellectuel de celui qui réfléchit, car l'organisation des pensées ne suit pas un « modèle hiérarchique » simple. Il est responsable de la grande imagination du surdoué, mais aussi de son manque de planification parfois, de ses difficultés de structuration de l'information, car elle est analogique. L'enfant surdoué qui pense en arborescence, peut traiter différentes informations de manière simultanée, globale.

Il arrive aussi de temps en temps à ces enfants-là que le foisonnement de leurs pensées soit « contrarié » par le besoin de précision, d'exactitude, de procédure de démonstrations claires et soit, par conséquent, source de tension psychique. Cela peut pousser éventuellement celui qui réfléchit de la sorte à vouloir unifier ses pensées et connaissances en créant un système de pensée.

De fait, ce mode de pensée peut autant être source de créativité (d'un raisonnement fécond et insolite), le vecteur d'une certaine « dimension » de la réflexion, si elle est canalisée, que générer de l'angoisse et de la fatigue intellectuelle.

L'expression de « pensée en arborescence » n'est cependant que rarement utilisée par les chercheurs qui utilisent plutôt, pour parler des spécificités de la réflexion des surdoués, l'appellation « pensée divergente » (Voir la question suivante). De plus, c'est un mode de pensée qui n'est pas exclusivement spécifique aux enfants surdoués. Certains psychotiques, certains créatifs, certains déficients intellectuels ont un mode de pensée similaire.

En revanche, la pertinence du lien entre ces différentes idées est le gage, chez le sujet précoce, d'une certaine profondeur, d'une lucidité de la réflexion, ce qui n'est pas le cas chez le psychotique ou le déficient intellectuel.

AVEZ-VOUS UNE PENSÉE DIVERGENTE ? 35

Carlos Tinoco, philosophe et psychanalyste, illustre la pensée divergente, de manière allégorique, en utilisant le problème des neuf points dont l'énoncé est : « Vous devez trouver, à l'aide d'une ligne brisée en quatre segments (chaque segment doit être relié à un autre segment par une de ses extrémités), une façon de relier tous les points ci-dessous. »

(Résolution du problème à la question suivante).

36 COMMENT EXPLIQUER LA PENSÉE DIVERGENTE ?

Voici la résolution du problème :

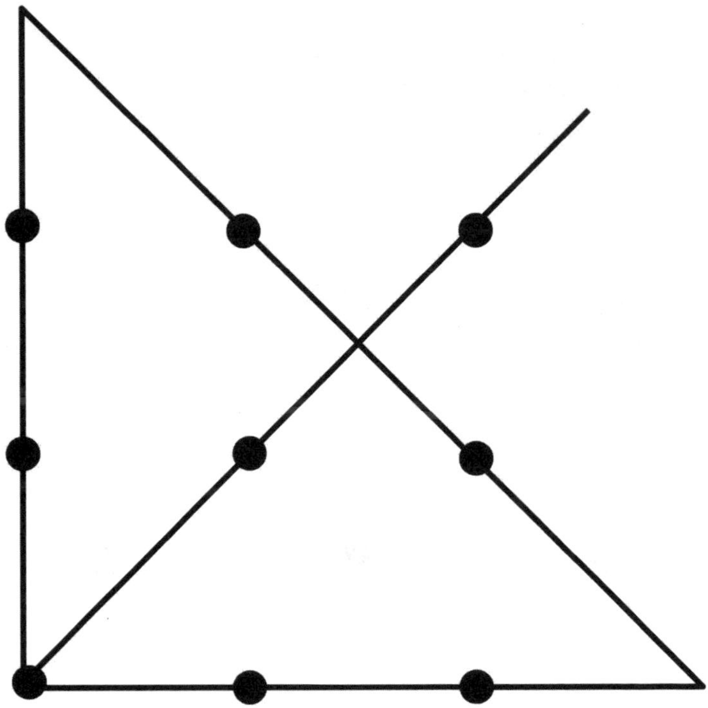

Si vous avez réalisé et résolu la question, vous avez probablement une pensée divergente. Pour réussir ce test, il est nécessaire de s'abstraire du cadre. Il faut remettre en question la consigne pour comprendre ce qu'on a le droit de faire et ce que l'on n'a pas le droit de faire. Il n'est pas indiqué que les segments doivent se briser sur un point, mais la plupart des gens ne trouvent pas la solution, car ils essaient de relier les points en restant dans le carré formé par les points.

La pensée divergente est, littéralement, la pensée qui est capable de sortir du cadre. Elle suggère de l'autonomie dans la réflexion, de la prise d'initiative et une confiance en son intelligence. Des qualités de prospection pour trouver des solutions alternatives. Elle est en lien avec la créativité d'un individu. (Pour autant, les surdoués ne sont pas nécessairement plus créatifs que les enfants ordinaires. L'intelligence favorise la créativité, mais ne la conditionne pas. On peut être déficient intellectuel et être très créatif).

Réussir cet exercice n'est pas un signe de surdon. En revanche, le fait de disposer d'une grande intelligence prédispose à la capacité de former des raisonnements divergents.

C'est cette façon de réfléchir qui peut éventuellement être responsable du manque de respect des consignes par l'enfant surdoué, en mathématiques principalement. Il aura parfois tendance à résoudre un problème sans suivre les consignes de démonstration imposées. L'important, c'est de trouver la solution la plus adaptée ou la plus élégante ! D'une certaine façon, utiliser une consigne de résolution d'un problème en mathématiques, c'est être influencé. Le petit précoce peut même avoir l'impression de tricher.

La pensée divergente dont fait preuve un grand nombre de surdoués est pourtant fréquemment mal vue dans le système scolaire. On la considère comme une forme de rébellion, voire de « loufoquerie », alors qu'elle est l'essence même de l'autonomie de la réflexion.

Et enfin, il faut dire que si le surdoué peut éventuellement raisonner de façon divergente, il a également la faculté de raisonner de manière convergente. Il peut donc comprendre précisément ce qu'on attend de lui et y répondre de façon pertinente.

37 QU'EST-CE QUE LE DÉFAUT D'IMPLICITE COMMUN ?

Les enfants précoces n'ont pas toujours les mêmes implicites que la plupart des gens. On observe cela en constatant leur humour particulier et/ou, de temps à autre, dans leurs difficultés de compréhension d'une conversation basique, d'un énoncé en classe...

La plupart des enfants se contentent du sens premier (de l'évidence ?) qu'exprime un énoncé ou un propos. Par conséquent, ils comprennent sans effort les implicites. Plus la pensée est dense, féconde et profonde, plus les évidences deviennent relatives et plus l'interprétation devient complexe. Un enfant surdoué raisonne toujours « dans l'absolu ». Réfléchir « dans l'absolu », c'est envisager toutes les différentes possibilités d'interprétation d'un propos et risquer de passer à côté de l'essentiel.

L'enfant précoce s'interroge en permanence sur son environnement pour mieux l'appréhender, voire le contrôler. Il ne réfléchit pas par rapport à un contexte précis. Pour lui, réfléchir selon le contexte particulier, c'est une façon de brider la signification réelle d'un message, c'est une façon de penser relative.

Par exemple, un enfant se blesse et sa maman, pour calmer ses sanglots, lui dit : « Ne t'inquiète pas, tu ne vas pas mourir ! ». Un surdoué pourrait très bien répondre : « Bien sûr que si, et toi aussi tu vas mourir, on va tous mourir un jour ! ». Le contexte, ici, indique que le propos « Tu ne vas pas mourir. » signifie : « Tu ne vas pas mourir des conséquences de cette blessure. », ce qui peut échapper au bambin.

Cette façon de penser induit souvent que les surdoués ont une interprétation jugée « littérale », pas toujours adaptée à une situation. L'interprétation littérale est celle qui, dans « l'infinie des possibilités d'interprétation », correspond le plus précisément, avec le plus d'exactitude, à la vérité. L'enfant précoce ne s'intéresse pas au contexte, il réfléchit toujours dans la globalité, dans l'absolu.

QU'EST-CE QUE LA DYSSYNCHRONIE ? 38

Le terme de « dyssynchronie » a été inventé par le psychologue Jean-Charles Terrassier, pionnier dans la recherche sur les enfants intellectuellement précoces, en 1979, pour mettre en lumière les paradoxes et différences dans l'évolution de ces sujets-là. La dyssynchronie désigne, une absence d'homogénéité du développement intellectuel, graphomoteur et affectif du surdoué, présente dans certains cas, ainsi que l'inadaptation dont il peut souffrir à l'école, avec ses camarades ou en famille.

Le terme renvoie à la notion d'hétérochronie développée dans les années 60 par René Zazzo pour parler des différentes vitesses de développement des enfants déficients intellectuels dans certains domaines.

La « dyssynchronie interne » décrit :

1. La différence qui existe parfois entre différents domaines de développement des capacités. Un enfant qui a une différence de plus de 15 points entre les domaines « verbal » et « perceptif », si aucun trouble spécifique n'explique ces résultats, risque d'être gêné dans l'utilisation de son potentiel. Une dysharmonie des compétences intellectuelles va avoir tendance à perturber l'utilisation de l'intelligence de l'enfant : à certains moments, il comprend facilement, presque instinctivement et à d'autres, il se sent perdu, il doit fournir un effort. Ce manque d'homogénéité dans ses performances peut entraîner un manque de confiance en son intelligence.

   Cette différence de performance entre les épreuves s'explique parfois par l'inaptitude du système scolaire à répondre aux besoins de leur développement intellectuel : l'enfant inhibera certaines compétences qui ne sont pas convoquées par l'école ou qu'il n'a pas su appréhender en raison d'une pédagogie inappropriée.
2. Le paradoxe entre l'hyper maturité intellectuelle dont fait preuve l'enfant précoce et son hyperémotivité, son hyper affectivité, taxée, à tort, d'immaturité (Voir la question « Les enfants surdoués sont-ils plus matures ou plus immatures ? »).

La « dyssynchronie sociale » exprime :

1. La difficulté des surdoués à trouver des camarades fonctionnant comme eux, c'est-à-dire qui réfléchissent de la même manière, qui ont les mêmes domaines de curiosité, un « âge mental » identique, des valeurs communes et une sensibilité tout aussi exacerbée.
2. Les carences dont peuvent souffrir certains enfants dont les parents n'ont pas identifié le fonctionnement et les besoins spécifiques. Un parent qui attend, par exemple, de sa progéniture, un comportement qui correspond à son âge réel ou un parent qui aurait un niveau culturel faible et qui ne serait pas en mesure de répondre aux besoins de stimulation de son petit surdoué.

Enfin, une dyssynchronie entre le développement de l'intelligence, la rapidité de la pensée de l'enfant précoce et l'immaturité du geste graphomoteur est parfois évoquée. Cette dyssynchronie peut être la source de difficultés d'écriture qui entravent la scolarité (Voir la question sur la dysgraphie).

39 LES ENFANTS SURDOUÉS SONT-ILS PLUS CAPRICIEUX QUE LES AUTRES ?

Un certain nombre de parents dépeignent leur enfant surdoué comme étant particulièrement capricieux. Pour savoir si c'est bien le cas, il faut comprendre ce qu'est un caprice. Le caprice est l'inverse du besoin. L'enfant n'a pas véritablement besoin de ce qu'il demande, mais l'exige, en faisant croire, avec une mauvaise foi patentée, que sa requête est importante.

Les motivations du caprice sont floues : vouloir asservir, tester son entourage ou l'expression d'une difficulté à renoncer à la toute-puissance infantile (L'enfant veut continuer à rêver que le parent peut répondre au moindre de ses besoins).

Tous les enfants font, à un moment donné, des caprices pour tester les limites de leurs parents, mais aussi pour appréhender leurs véritables désirs. Le caprice peut être l'expression anecdotique d'une demande plus fondamentale, mais que l'enfant n'identifie pas encore très bien. Il veut quelque chose, mais ne sait pas bien quoi, dès lors, il teste son propre désir. La frustration qu'il ressent lorsqu'il constate que tous ses caprices ne peuvent être assouvis lui permet d'appréhender ses besoins fondamentaux.

Les enfants précoces peuvent paraître capricieux dans la mesure où leurs demandes peuvent sembler absurdes, car elles sont fréquemment un canevas de petites choses sans importance pour la plupart des gens, mais qui pour eux revêtent une importance capitale.

Par exemple, un enfant inscrit à un cours de gymnastique y va trois fois, semble adorer et dit à ses parents, à l'issue de la quatrième séance, qu'il ne veut plus y retourner. Les parents lui demandent pourquoi et l'enfant répond : « Parce que le collant me gratte. » Les parents croient en un caprice alors que l'enfant surdoué, particulièrement sensible aux matières, vit le port du collant comme un vrai cauchemar.

40 LES ENFANTS SURDOUÉS SONT-ILS PLUS MATURES OU PLUS IMMATURES ?

Les enfants précoces sont fréquemment dépeints comme étant immatures. Dans certains cas, ils gèrent mal leurs émotions, ils peuvent être très rêveurs, manquer d'organisation, d'anticipation, se montrer affectivement très dépendants de leurs parents, avoir du mal à prendre des décisions. Certains restent longtemps excessivement timides. Ils peuvent aussi être très naïfs. On dit que la période de l'Œdipe est fréquemment plus longue et compliquée pour eux.

Paradoxalement, ce sont des enfants qui ont, généralement, très jeunes déjà, le sens des responsabilités ; ils se montrent raisonnables, sont capables d'être attentifs aux autres enfants, de veiller au bien-être de leurs parents, etc.

Ils sont plus dépendants de leurs parents dans le sens où ils ont besoin d'être davantage rassurés, soutenus, câlinés que les autres enfants, mais ils sont très vite autonomes dans leurs réflexions, ils n'ont pas besoin de leurs parents pour penser : ils cernent les gens rapidement et facilement, par exemple.

Cette antinomie peut être perturbante pour les parents et pour les enseignants qui ne savent plus comment qualifier l'enfant : est-il trop mature ou trop immature ?

En réalité, les enfants précoces ne sont pas immatures. Toutes les caractéristiques qui font penser à de l'immaturité sont des spécificités de leur fonctionnement et non des preuves de leur immaturité. Un enfant surdoué rêveur, par exemple, ne cessera pas d'être rêveur en grandissant. Tout au mieux, il apprendra à faire en sorte de contrôler ses rêveries pour être plus performant dans les tâches qu'il a à faire. Un enfant précoce hyperaffectif, qui réagit intensément, apprendra à mieux canaliser ses émotions, mais ne cessera pas de réagir de façon excessive, en grandissant. Si les enfants surdoués passent, dans certains cas, pour des « bébés », c'est parce qu'ils sont plus affectifs et, plus affectifs ils resteront.

41 POURQUOI LES ENFANTS SURDOUÉS RECHERCHENT-ILS LA VÉRITÉ ?

Les enfants surdoués veulent toujours tout savoir, ils sont très curieux. Cette curiosité est une « passion de la vérité », une exigence de probité poussée à son paroxysme, une passion dévorante qui ne laisse aucun repos.

Quand on veut « savoir », on veut appréhender la vraisemblance d'un fait ou d'une théorie. Par conséquent, les conjectures, la pensée trop théorique ne conviennent généralement pas aux enfants surdoués. Le savoir revêt, pour eux, une utilité pratique. Son utilité, c'est de rendre le monde moins obscur. Les surdoués ne sont, en effet, pas poussés par la volonté d'accumuler des connaissances, mais par le besoin d'appréhender leur environnement. Ils ne recherchent pas la vérité par dogmatisme, mais pour contrôler le réel. Cet enthousiasme pour la vérité est alimenté par leur besoin d'exactitude.

Cette quête de la vérité se manifeste par une sorte d'aptitude à repérer les incohérences, l'hypocrisie, les illusions de leurs camarades, professeurs, parents et de la société.

Les enfants précoces chérissent donc la vérité et détestent le mensonge. Ils peuvent même aller jusqu'à voir le mensonge de quelqu'un comme une trahison. Pour autant, ils se pardonnent plus facilement leurs propres mensonges. Lorsque les surdoués mentent, c'est pour enchanter la réalité. Parce que, chez eux, se combinent deux besoins apparemment contradictoires : celui de la vérité et un grand idéalisme qu'aucune réalité ne saurait combler.

42 POURQUOI LES ENFANTS SURDOUÉS SONT-ILS IDÉALISTES ?

Que signifie « être idéaliste » ? Vouloir un monde parfait, se vouloir parfait. Imaginer ce qui pourrait être au lieu de ce qui est. Dans son acception positive, cela pousse à l'inventivité et au dépassement de soi. En revanche, lorsque l'idéal est trop élevé, l'individu peut être en quête perpétuelle d'un ailleurs, ne jamais se satisfaire du présent, de lui-même, du monde et des autres. Lorsque la distance entre ce qui est et ce que l'on voudrait qu'il soit est trop importante, alors l'énergie à dépenser pour atteindre un objectif est telle que cela peut susciter le découragement et la fuite, paralyser l'action et engendrer une vision de soi très péjorative.

Les enfants surdoués sont fréquemment très idéalistes, car ils ont un idéal du moi très élevé. L'idéal du moi est un concept psychanalytique qui représente les valeurs auxquelles un sujet s'identifie, qui lui permettent de combler son narcissisme et de se sentir satisfait de lui-même. L'idéal du moi, c'est l'exigence d'un individu envers lui-même.

Un enfant ordinaire aura besoin de sentir qu'il n'est pas inférieur aux autres enfants. Les valeurs auxquelles il s'identifie sont les valeurs dominantes de la société : être intégré avec ses pairs, réussir convenablement à l'école, contenter ses parents. En bref, être un enfant normal. S'il a, par ailleurs, l'occasion de briller dans l'un ou l'autre domaine, il peut rapidement prendre confiance en lui et se construire une vision de lui-même relativement stable et solide. S'il rate un contrôle à l'école, il arrivera alors facilement à se rassurer en se disant qu'il était fatigué et cet « échec » n'entachera pas sa confiance en ses capacités. La plupart des enfants et même des adultes ne voient pas toute l'étendue de leur propre médiocrité. Le précoce voit ses moindres failles en permanence. Il ne le fait pas exprès ; il est lucide sur lui-même, sur les autres, sur le monde. Sa propre médiocrité lui apparaît de façon très claire et intelligible. Pour se construire une vision positive de lui-même, il n'a pas le choix, il doit donc être parfait. « Sa norme, c'est la perfection ! » dit Jeanne Siaud-Facchin. Cela peut éventuellement pousser certaines personnes à penser qu'il a une haute opinion de lui-même, qu'il est, paradoxalement, incapable de se remettre en question. Il peut avoir en effet tendance à n'accepter aucune remarque sur ce qu'il fait ou est.

Pour lui, une critique, aussi anodine soit-elle, est vécue comme une remise en question de son être tout entier.

Cet idéal du moi très élevé engendre un certain perfectionnisme : par exemple, l'enfant peut réécrire tout un devoir si un mot a été mal formé, se sentir profondément humilié s'il a bafouillé en prenant la parole en public… Si, de surcroît, il a connu des échecs qui renforcent une vision négative de lui-même, son comportement peut virer à l'obsession : il passera des heures à analyser ce qu'il a dit au lieu de ce qu'il aurait pu ou dû dire, par exemple.

L'idéal du moi du surdoué le pousse, la plupart du temps, au réalisme. Mais si le monde, les autres, lui-même se révèlent, à ses yeux, bien trop « imparfaits », c'est à l'inverse vers le rêve qu'il se tournera pour remédier à l'insatisfaction qu'il ressent du réel. Pour fuir cette conscience exacerbée qu'il a, il peut, par exemple, devenir « mythomane » ou se marginaliser.

Heureusement, dans la plupart des cas, cet idéalisme de l'enfant en fait simplement quelqu'un de consciencieux qui s'investit dans ce qu'il fait, qui se passionne pour trouver des moyens de rendre le monde plus beau, pour se comporter d'une meilleure manière et évoluer constamment.

43 POURQUOI LES ENFANTS SURDOUÉS ONT-ILS UN SENS DE LA JUSTICE PARTICULIÈREMENT AIGUISÉ ?

Pendant les premières années de sa vie, l'enfant est uniquement centré sur lui et sur ses propres besoins. Pour cette raison, Freud l'appelait « Sa majesté bébé ! » ou disait de l'enfant que c'était un pervers polymorphe. Cette absence de conscience morale du très jeune enfant se manifeste lorsque l'on observe à quel point il peut se montrer éventuellement cruel avec les autres. Toutefois, vers l'âge de six ou sept ans, n'importe quel enfant développe, normalement, un sens de la justice en même temps que sa conscience morale. Tous les enfants ont, dès lors, normalement, le sens de la justice. Après cette période, l'enfant aura souvent tendance à dire : « Ça, ce n'est pas juste ! », « Ça, ce n'est pas bien ! », « Lui, il est méchant ! », ce qui démontre son besoin de vivre dans un monde ordonné par l'idée du bien et de la justice.

Néanmoins, bien souvent, l'enfant ordinaire reste encore relativement préoccupé par lui-même. Il se soucie que les choses soient justes pour ne pas être lésé, lui. L'enfant surdoué a tendance, très jeune, à souffrir lorsque d'autres personnes que lui-même sont victimes d'une injustice. C'est fréquemment un enfant qui fait très attention à ses camarades ou qui cherche parfois à protéger ses parents, ses frères et sœurs. Il peut vite se sentir coupable s'il sent qu'il a des privilèges que les autres n'ont pas, si lui-même n'a pas traité quelqu'un avec une parfaite équité.

Parmi les anecdotes les plus parlantes de ce sens de la justice : je reçois un petit patient qui tient la comptabilité des bonbons à la maison. Il en distribue le même nombre à chacun de ses frères et sœurs et pèse ensuite chacun des tas pour vérifier scrupuleusement que le poids des bonbons est identique pour chaque enfant. Quand je lui demande si cela l'embêterait que ses frères et sœurs aient plus de bonbons que lui, il me répond : « Je serai surtout embêté de savoir que j'en ai mangé plus qu'eux ! ». Je reçois un autre enfant, dont les parents me racontent que leur enfant se lève de son lit, presque chaque soir, deux à trois fois, pour embrasser un de ses chats au motif que l'autre chat a eu un bisou plus intense et que le premier va être jaloux. Le petit n'arrive pas à dormir tant qu'il n'a pas le sentiment d'avoir réussi à donner exactement le même amour aux deux chats.

44 POURQUOI PEUT-ON DIRE QUE LES ENFANTS SURDOUÉS ONT DE L'HUMOUR ET QUELLES SONT LES PARTICULARITÉS DE CET HUMOUR ?

Il n'a pas été prouvé scientifiquement qu'il y ait un lien entre l'intelligence et l'humour. En revanche, il a été démontré que les enfants surdoués accédaient à l'humour de façon plus précoce que les autres enfants. Pour autant, ils sont souvent décrits comme ayant beaucoup d'humour. Pourquoi ?

Les précoces sont imaginatifs, émotifs et ont l'esprit critique. Pour tout un chacun, l'humour a une fonction défensive : il permet de mettre à distance des affects, des angoisses par la manipulation de ces affects. Quand on est aussi émotif qu'un surdoué, on est, dès lors, davantage porté à la nécessité de sublimer ce vécu émotionnel en utilisant l'humour.

Chez le surdoué, l'humour se révèle même parfois être un véritable mode de communication qui lui permet de s'adapter, d'être socialement adapté et accepté.

De temps en temps, à l'inverse, ce sens de l'humour est incompris parce que l'enfant précoce n'a pas les mêmes implicites que la plupart des autres enfants (Voir la question correspondante). Cet humour peut aussi se caractériser par des « privates jokes » parce qu'il a tendance à se créer un univers intérieur de réflexions auquel personne n'a accès. Le trait d'esprit ne prendra sens qu'en écho à sa propre pensée, mais sera incompréhensible pour la plupart des gens. L'humour a, dans ce cas, davantage une fonction libératoire que défensive.

Par observation empirique, on constate fréquemment que les enfants surdoués ont tendance à utiliser l'humour absurde, paradoxal, noir et surréaliste, à créer des pamphlets et pratiquer l'exagération excessive, ce qui peut éventuellement inquiéter, voire déstabiliser un auditoire.

Cela semble être aussi une façon pour ces enfants d'exprimer leur créativité, de satisfaire leur besoin de stimulation intellectuelle sans passer pour des intellectuels. Ils adorent particulièrement l'utilisation des jeux de mots (jouer avec le sens des mots comme le faisait l'humoriste Raymond Devos, par exemple).

Bien plus, cette utilisation de l'humour est également particulière : bien souvent, les enfants surdoués ne font pas de l'humour pour « s'amuser », mais pour faire passer un message, créer un sens, tester, provoquer l'auditoire, exprimer une idée.

Ils ont également une sorte d'esthétique de l'humour : ils apprécient les jeux de sonorité entre les mots. Au-delà de la fonction adaptative, libératoire (commune pour tous) l'humour est chez les surdoués bien souvent un prétexte à la réflexion ou un moyen d'affirmer qui ils sont et leurs idées.

45 EST-IL VRAI QUE LES SURDOUÉS ONT BEAUCOUP D'EMPATHIE ?

L'empathie peut se définir sous deux angles :

- La capacité de partager avec autrui ses perceptions subjectives, de ressentir avec une grande acuité son état physique, psychologique et émotionnel (état psychocorporel).
- L'aptitude, en conséquence, à comprendre ses motivations, ses choix, ses actions.

Les « neurones miroirs » qui jouent un rôle dans la cognition sociale, permettent de simuler l'état émotionnel d'autrui et, dès lors, d'identifier et reconnaître ses émotions. La plupart d'entre nous, surdoués ou non, sommes donc aptes *a priori* à ressentir ce qu'autrui ressent avec une plus ou moins grande acuité.

Ce qui est plus difficile, en revanche, c'est d'être capable d'utiliser ce ressenti pour comprendre quelqu'un. Il y a une différence entre le fait de respecter les idées des autres, d'être ouvert et tolérant ou de ressentir la souffrance d'autrui parce que l'on souffre soi-même, par projection, et le fait de saisir quelqu'un dans toute sa logique, au point, par exemple, de pouvoir prédire ses réactions ou ses idées futures, de le comprendre dans sa subjectivité.

Le lien entre le surdon intellectuel et l'empathie n'est pas prouvé scientifiquement. Néanmoins, pour transformer ce que l'on peut percevoir des émotions d'autrui en compréhension d'autrui, il faut effectuer une inférence logique, un raisonnement. La qualité de ce raisonnement, seule, permet de bien comprendre autrui. On peut, dès lors, déduire que les surdoués, grâce à la qualité de leurs raisonnements, sont particulièrement disposés à comprendre les autres. De plus, la puissance particulière du ressenti de ces enfants (l'hypersensibilité) engendre, de facto, la possibilité d'identifier des émotions complexes.

Si de nombreuses personnes sont capables d'empathie, il semblerait donc que les enfants surdoués (sauf lorsqu'ils ont mis en place des mécanismes de défense) soient, de manière qualitative et quantitative, capables d'une plus grande d'empathie.

Ce sont des enfants qui, très jeunes, étonnent par leur capacité de produire des jugements construits et pertinents sur les gens. Ils voient souvent d'autrui des choses que peu de personnes observent. On fait facilement appel à eux pour avoir un avis sur quelqu'un.

Pour autant, cela ne veut pas dire que les surdoués ne se trompent jamais sur les autres. Comme ils ne raisonnent pas de la même façon que la plupart des gens, ils ont, dans certains cas, des difficultés à saisir certaines évidences : un comportement ouvertement hostile, par exemple. Paradoxalement, ils saisissent facilement ce qu'on veut leur cacher, mais se montrent occasionnellement d'une grande naïveté, d'un grand aveuglement lorsqu'il s'agit de saisir des évidences.

46 QUEL RAPPORT LES ENFANTS SURDOUÉS ONT-ILS AVEC L'AUTORITÉ ?

Un point semble commun à beaucoup de petits précoces : la difficulté à accepter une autorité rigide et infondée. Pour ces enfants, l'adhésion à l'autorité ne se fait pas tacitement parce qu'il faut respecter la loi, mais uniquement lorsqu'ils sont en mesure d'en comprendre le bien fondé, voire de respecter assez celui qui la met en place. Très jeunes déjà, ils auront tendance à questionner les règles en place. Bien entendu, tous les enfants font cela : « Pourquoi est-ce que je devrais obéir, Maman ? », est une question que beaucoup d'enfants ont posée. La différence, c'est que le surdoué ne se satisfera pas d'un argument d'autorité du type « Parce que c'est maman qui commande. », ou d'un argument par la conséquence « Sinon, il y aura des sanctions », ou même d'un argument de la norme « Tous les enfants sont censés obéir à leurs parents. ». Il questionnera systématiquement le fondement de ces arguments jusqu'à épuiser le parent qui se sentira incapable de lui donner une justification valable à ses yeux, qui le fasse plier.

On aurait néanmoins tort de penser qu'il s'agit là d'un caractère porté à l'opposition systématique.

L'enfant surdoué est un testeur de limites, mais s'il teste les limites, c'est pour les mettre à l'épreuve, c'est-à-dire pour mesurer leur solidité. Plus que tous les autres bambins, il a besoin de règles solides pour se sentir en sécurité, car sa pensée est sans limite, perpétuellement en mouvement, parce que son énergie est puissante. Son grand défi pour atteindre l'épanouissement, c'est de réussir à canaliser son énergie, dompter son émotivité, structurer sa pensée sans pour autant perdre en spontanéité et en liberté, en créativité. Il a besoin pour cela de figures d'autorité fiables et d'une autorité légitime.

Il n'y a rien qui emprisonne le plus l'individualité que les règles arbitraires imposées avec violence. Il n'y a rien qui s'oppose plus à l'expression du libre arbitre. Une règle rigide est toujours violente et annihilante pour l'esprit. Le surdoué se bat contre ça, il a besoin de comprendre « pourquoi » il est important de respecter une règle, c'est-à-dire de saisir, non pas son utilité pratique, mais sa valeur intrinsèque. Le parent doit être capable de voir qu'il ne s'agit pas d'une manigance retorse de l'enfant pour obtenir le pouvoir, mais l'expression de son besoin de sens. Il doit par conséquent être en mesure de savoir lui-même démontrer fermement quel sens cela a d'obéir, fondamentalement.

47 COMMENT SE CARACTÉRISE LE BESOIN DE SENS DE L'ENFANT SURDOUÉ ?

Un adolescent de 16 ans arrive en consultation pour cause d'échec scolaire. C'est un jeune qui a toujours été brillant à l'école, jusqu'ici. Je lui demande pourquoi il ne fournit plus d'effort pour réussir et il me répond : « Dans un an, je devrai être bachelier et construire ma vie. Le problème, c'est que je ne me vois pas commencer ma vie si je ne sais pas quel sens elle a précisément, j'ai donc l'intention de repousser l'échéance du bac jusqu'à ce que j'aie répondu à cette question ». Ce à quoi je lui ai objecté : « On ne peut répondre à la question du sens de la vie qu'en faisant sa vie ! ». Pour qu'il me rétorque : « Et si je fais ma vie et que je me rends compte, après coup, qu'elle n'a aucun sens ? »...

Cet échange marque l'importance que peut revêtir la question du sens des choses pour le surdoué. Un thérapeute non conscient des particularités de ce type d'enfant se dirait sans doute qu'il est peut-être dépressif (Le lien à la vie s'éprouve avant tout) ou qu'il a peur de l'université ou de devenir adulte, etc. N'importe quelle personne entendant cela se dirait : « Ce n'est pas sérieux cette histoire, c'est une justification pour ne rien faire, c'est un prétexte pour ne plus fournir d'effort. » Chez ce garçon, pourtant, cette question était très sérieuse et il s'attelait à la résoudre avec une grande détermination.

En 1940, Abraham Maslow avance une théorie censée expliquer ce qui induit la motivation d'un individu. Il crée, pour ce faire, une pyramide appelée « pyramide de Maslow » qui répertorie de manière hiérarchique les besoins fondamentaux de l'individu à la source de sa motivation. Les recherches de Maslow sont souvent étudiées par les étudiants en écoles de marketing pour comprendre comment, par exemple, créer un produit qui réponde à un besoin du plus grand nombre et qui soit susceptible d'être vendu. Si vous créez un produit donnant à l'individu un sentiment d'appartenance (celui-ci trônant en troisième position sur l'échelle des besoins), il touchera une grande majorité de gens. Pour un surdoué, ce marketing-là sera totalement inefficace. Son besoin primordial, duquel découlent tous les besoins subséquents, c'est d'abord le besoin de sens.

L'échange cité plus haut caractérise par conséquent la particularité de ce besoin de sens : chez le surdoué, il est à la base de la motivation, il précède toute action.

Bien plus, la question ici du « sens de la vie » est la question fondamentale qui précède elle-même le sens de toutes les suivantes : si la vie n'a pas de sens, quoi d'autre pourrait en avoir ?

Si tous les enfants précoces ne se posent pas tous rigoureusement cette question de manière frontale, la recherche du sens est toujours abordée dans son absolu : le sens ne se résume pas à l'intérêt que l'on peut trouver à quelque chose, par opportunisme, mais est déterminé par son bien-fondé absolu.

Le surdoué ne rentre pas dans un monde structuré par des valeurs tacitement acceptées auxquels il adhère spontanément ; ce n'est que par l'action de sa propre pensée qu'il ordonne ses idées et donne sens aux choses et au monde. Il est peu conditionné.

48 LES ENFANTS SURDOUÉS SONT-ILS HUMAINS OU ÉLITISTES ?

Les surdoués ne sont pas toujours tolérants, en raison d'un idéal du moi élevé. Toutefois, à leur décharge, ils sont généralement plus exigeants envers eux-mêmes qu'envers les autres. Pourtant, ils sont aussi capables d'un humanisme peu commun.

Parmi les personnes dont on dit qu'elles sont humaines, on en voit certaines qui sont prêtes à glorifier tous les souffreteux, attribuer du courage, du mérite à n'importe quel individu qui se présente comme une victime. Prendre la défense de la « victime » ici équivaut à justifier, pardonner la faiblesse humaine. On confond alors la pitié et l'humanité. En y regardant de plus près, on constate souvent que ce genre d'attitude n'est qu'une démarche inconsciente pour se pardonner à soi-même ses propres failles. Pour le surdoué, il n'est pas question d'obtenir un bénéfice secondaire : c'est parce qu'il est capable de ressentir les émotions et les sentiments d'autrui, sans aucun lien avec son propre vécu, qu'il est véritablement humain.

Les surdoués sont donc souvent humains et, en même temps, élitistes. Et c'est cela qui peut donner des attitudes déroutantes, sembler arbitraire et excessif dans la forme : ils montrent parfois une compassion exagérée qui leur permet de comprendre et de pardonner des actes éventuellement odieux et un côté tranchant, intransigeant, acerbe et critique qui peut apparaître gratuit.

Sur le fond, cela n'est pas obligatoirement incompatible. Ces deux tendances en eux, les forcent à élaborer un système de valeurs précis et ordonné. Généralement, ils pardonnent volontiers les personnes qui agissent mal ou se montrent médiocres si elles souffrent, alors que la faiblesse morale, l'égoïsme, une certaine inconséquence dans les rapports humains, l'opportunisme de quelqu'un, justifié ou non, leur paraît fréquemment impardonnable.

«

49 POURQUOI CERTAINS SURDOUÉS SONT-ILS « MANIPULATEURS » ?

Lorsque l'on parle de manipulation, on entend l'aspect péjoratif du terme : manipuler revient à conduire quelqu'un à un endroit dans lequel il n'a pas décidé librement d'aller. Cette définition est en fait davantage la définition de la perversion, comme l'évoque Lacan : « Le pervers, c'est celui qui sait ce qu'il vous faut. »

Prise littéralement, la manipulation est la capacité d'interagir avec son environnement. Lorsque l'on réfléchit, on manipule des concepts et des idées dans notre esprit pour leur donner la forme d'un raisonnement. En ce sens, la manipulation est l'essence du raisonnement.

Lorsque l'on manipule une boule de pâte à modeler, on agit sur sa forme pour la faire correspondre à ce que l'on veut en faire. En ce sens, la manipulation semble être l'essence même de la création, car elle est un désir d'interaction avec l'environnement et sa transformation.

Le surdoué est manipulateur, car il a ce désir d'interaction avec son environnement. Mais il est aussi éventuellement manipulateur dans le sens péjoratif du terme : il est capable d'utiliser sa connaissance des humains, qu'il acquiert par empathie, pour mettre en place des stratagèmes visant à obtenir ce qu'il veut. La nécessité de s'adapter l'a rendu maître dans l'art du caméléonisme ; il peut par conséquent, même sans s'en rendre compte, s'adresser d'une façon différente à chaque personne. Pour se faire des amis, il a éventuellement dû manipuler. Et enfin, il arrive très bien à se manipuler lui-même, conditionner ses pensées, ses émotions, l'image qu'il renvoie.

Toutefois, si le surdoué peut manipuler, il n'est pas un manipulateur, un pervers, dans le sens où il n'est pas capable de prendre des décisions uniquement basées sur la rationalité. Le pervers, qui excelle dans la manipulation, peut élaborer un plan de carrière, par exemple, et s'y tenir avec une détermination sans faille. Il sait conditionner tout son être vers un but précis sans se détourner. Le surdoué devra toujours « rendre des comptes à son cœur », il ne peut pas fonctionner sur le long terme en ignorant sa part sensible, celle-là même qui lui cause tant de tracas, mais aussi tant de joie.

50 Y A-T-IL UNE DIFFÉRENCE ENTRE LES GARÇONS SURDOUÉS ET LES FILLES SURDOUÉES ?

Il est difficile de répondre à cette question sans nourrir des clichés sociologiques. Pourtant, on est indéniablement obligé de reconnaître que, globalement, les fillettes attachent plus d'importance au fait d'être intégrées parmi les autres enfants, de trouver des « meilleures copines » avec lesquelles elles partageront des liens affectifs fusionnels, tandis que les garçons ont plus tendance à rechercher des liens effectifs basés sur des activités partagées, des centres d'intérêt communs, ce qui les rend plus indépendants. Cela implique que les filles surdouées ont tendance, souvent, à essayer de s'adapter en reniant leurs particularités alors que les garçons surdoués s'affirment davantage.

Ce que l'on sait de façon certaine pour étayer cette idée, c'est que les filles surdouées sont statistiquement moins détectées que les garçons. Elles font davantage d'efforts pour s'adapter et cacher leurs différences. Elles se montrent aussi souvent plus faciles à vivre, plus souples, mieux intégrées d'apparence et leur éventuel malaise se repère beaucoup moins facilement. Elles développent moins de centres d'intérêt spécifiques que les garçons pendant l'enfance et renoncent plus facilement à exprimer leur curiosité. Les garçons surdoués sont fréquemment plus remuants, plus « compliqués » à gérer. Ce qui explique qu'ils soient davantage détectés. Généralement, les filles surdouées ne posent pas de problème aux parents dans l'enfance, c'est à l'adolescence que l'on voit poindre des difficultés ou des fragilités.

Comme elles sont absolues dans leurs sentiments, elles ont tendance, par exemple, à entretenir des sortes d'amitiés amoureuses et peuvent rapidement vivre de façon très douloureuse l'inconstance de certains de leurs camarades dans les relations amicales. Plus que les garçons encore, elles ont une vision de l'amour et de l'amitié idéalisée, qui ne connaît pas la demi-mesure et semblent davantage exposées à vivre des déceptions intenses, lorsqu'elles se rendent compte que la plupart des gens ne sont pas aussi intègres qu'elles.

Certains auteurs avancent également que les filles surdouées ont tendance à cultiver davantage, par rapport aux autres filles, une certaine androgynie : se comporter comme des garçons manqués par exemple. D'autres, en revanche, avancent que les filles surdouées, désirant s'intégrer, se montrent extrêmement soucieuses de leur image et cultivent leur féminité avec un raffinement qui confine à la superficialité. Ces constats, bien qu'ils ne soient pas démontrés, posent la question de l'image de l'intelligence de la femme dans notre société. Est-elle valorisée, vue de manière positive ? Les différences filles/garçons surdoués ne tiennent-elles pas plus d'un conditionnement sociologique que d'une différence de nature ?

LES ÉVENTUELLES DIFFICULTÉS DE L'ENFANT

51 POURQUOI DIT-ON QUE LES SURDOUÉS SONT PLUS RÉSILIENTS QUE LES AUTRES ?

Le terme de « résilience » a été cité la première fois par John Bowlby dans le cadre de ses études sur l'attachement. En psychologie, il évoque la capacité de se remettre d'un traumatisme.

Cette capacité est plus ou moins prononcée selon la façon dont s'est structurée la personnalité durant l'enfance. Elle est liée à l'intensité de la sécurité affective, à la qualité des expériences relationnelles précoces du jeune enfant pendant les premiers moments de sa vie.

Les différentes recherches sur le sujet avancent, par ailleurs, que certaines caractéristiques d'une personne favorisent la résilience : la capacité d'adaptation, le sentiment de sa propre valeur, l'humour, la capacité d'anticiper, de planifier et un quotient intellectuel élevé.

Un quotient intellectuel élevé est le gage d'une certaine plasticité cérébrale qui permet *a priori* de pouvoir se « régénérer » plus efficacement. Les enfants surdoués sont donc avantagés sur ce point.

De plus, ceux-là ont tendance à se montrer davantage performants, voire combatifs quand ils sont mis en difficulté parce qu'ils aiment les défis. S'ils n'ont pas nécessairement un sentiment très positif de leur propre valeur, ils sont néanmoins particulièrement lucides sur leurs qualités et sur leurs défauts. Leur vision d'eux-mêmes est dès lors plutôt solide.

Les enfants surdoués semblent donc disposer *a priori* d'une grande capacité de résilience. Pour autant, ils ne sont pas forcément plus résistants que les autres enfants. En raison de leur hypersensibilité, un événement anodin pour la plupart des individus peut se révéler traumatique pour eux. Ils ont également tendance à plonger plus facilement que quiconque dans une détresse psychologique profonde, mais par rapport à l'intensité de la « crise » émotionnelle, ils se remettent beaucoup plus rapidement.

52 DIFFICULTÉS D'ADAPTATION AVEC LES CAMARADES : MYTHE OU RÉALITÉ ?

Pour s'adapter efficacement aux autres, il faut pouvoir les comprendre. L'enfant surdoué étant *a priori* plutôt capable d'empathie (Voir la question correspondante) et ayant une plasticité cérébrale élevée, il devrait être particulièrement doué pour s'adapter aux autres.

Pourtant, un des préjugés les plus répandus sur les enfants surdoués consiste à penser qu'ils souffrent de difficultés d'adaptation avec les autres enfants.

Considérant le fait qu'il y a autant de différences de points de QI entre un enfant précoce au QI d'environ 130 et un individu d'intelligence moyenne, qu'entre un enfant d'intelligence moyenne et un « déficient intellectuel » léger qui aurait un QI inférieur à 70, on ne peut qu'imaginer la frustration que ressent un enfant surdoué lorsqu'il discute avec un enfant « normal » et l'effort d'adaptation qui lui est nécessaire pour trouver des affinités, être accepté et apprécié par celui-ci. Au-delà d'un QI de 140, la différence se creuse encore davantage.

Néanmoins, l'intelligence de l'enfant surdoué devrait pouvoir compenser ce décalage et lui permettre une adaptation tout aussi efficiente. C'est souvent le cas chez les filles surdouées qui ont davantage tendance à se fondre dans la masse et gommer leurs particularités pour s'adapter efficacement, mais au détriment de leur épanouissement. Les garçons, en revanche, s'adaptent majoritairement moins facilement (Voir la question sur les différences garçons/filles surdoués).

De manière générale, les éventuelles difficultés relationnelles des enfants surdoués ne sont pas représentatives d'un problème d'adaptation, mais des contraintes qui germent de la nécessité de s'adapter à un fonctionnement qui ne correspond pas à leur personnalité et à leurs besoins. Elles sont le fruit d'une inadéquation avec l'environnement. Les enfants surdoués n'ont, de ce fait, pas de problème d'adaptation, mais, de temps à autre, des difficultés d'ajustement social qui ne sont, jusqu'à preuve du contraire, pas dues à leur personnalité.

L'enfant surdoué est parfois pris en étau, tiraillé entre son désir de s'adapter, d'être aimé, accepté et d'échanger avec les autres et celui de ne pas renoncer à lui-même, à ses domaines de curiosité et à son fonctionnement intellectuel particulier. Il se retrouve éventuellement, malgré lui, contraint de choisir entre renoncer à lui-même pour être avec les autres, contenter les autres en se construisant un masque social épais ou s'exprimer dans sa différence, au risque de se retrouver seul et de subir éventuellement les moqueries de ses camarades.

Cela étant dit, tous les enfants précoces n'ont pas des problèmes d'ajustement social, loin de là. Beaucoup d'entre eux sont décrits comme étant des leaders, charismatiques, drôles et très sociables.

Et puis, en aucun cas, le fait de disposer d'un QI relativement similaire ne gagera de la possibilité d'une entente ou de celle d'avoir des points communs. Il est aussi évidemment possible d'entretenir des liens sociaux avec des gens qui fonctionnent différemment de soi.

53 LES SURDOUÉS ONT-ILS UNE FRAGILITÉ IDENTITAIRE ?

Les enfants surdoués peuvent avoir du mal à « se trouver » Ils doivent fréquemment se construire sans « miroir », faute de pouvoir trouver d'autres enfants auxquels s'identifier. Cette construction sera donc, parfois, plus difficile, moins solide.

L'enfant surdoué veut fréquemment plaire, contenter les autres. Il y a en lui, souvent, un altruisme et un besoin de reconnaissance aigus. Il est très sensible au jugement des autres. Sa capacité de compréhension fine des émotions d'autrui lui permet de saisir avec une grande acuité quelles sont les attentes de son entourage à son égard. Il peut avoir, dès lors, tendance à se modeler en fonction des attentes de l'extérieur. Et dans ce cas, développer un sentiment trouble de sa propre identité.

Par ailleurs, l'imagination débridée du surdoué couplée, à son perfectionnisme et à son grand idéalisme, le poussent à toujours envisager ce qu'il pourrait être, plutôt que de se contenter de ce qu'il est. Il se sent donc toujours un peu incomplet, trop peu rassuré sur sa valeur. Comme il est incapable de s'accepter imparfait, il a, parfois, des scrupules à s'affirmer. Entre ce qu'il est et ce qu'il voudrait être, il y a souvent une telle distance que cela peut le décourager. Vous aurez beau le rassurer : « Tu es très bien comme tu es » ; comparé à son idéal, il est médiocre !

Comment accéder à soi dans l'infini des possibles ? C'est la question que se posent de nombreux surdoués.

Sa vision de lui-même se situe toujours entre deux extrêmes : le soi grandiose, parfait et magnifique qui correspond à l'idéal qu'il a de lui-même et qu'il s'imagine pouvoir atteindre et le soi incomplet, plein de failles, voire médiocre, qu'il ressent du fait de la comparaison avec l'image idéalisée de lui-même et de la conscience aiguë de ses failles. Cette dichotomie peut provoquer des tensions intérieures, sources de fragilités identitaires.

Pour la plupart des individus, le sentiment de son identité, suivi de l'affirmation de celle-ci se construit sans forcément avoir besoin de prouver quoi que ce soit. Le surdoué est ce qu'il fait ! Et, ce qu'il fait doit être à l'image de son idéal.

Toutes ces exigences entraînent parfois les surdoués pubères à se réfugier dans le fantasme. Ils peuvent se mettre à rêver leur vie plutôt que de la vivre. Ils peuvent aussi éventuellement se lancer dans des correspondances passionnées, des relations affectives à distance, sublimées et virtuelles.

L'enfant surdoué a besoin constamment de se dépasser, d'évoluer. S'il n'a pas les moyens nécessaires pour s'exprimer, il ne sera pas solide d'un point de vue narcissique. Si, en revanche, il peut sa pensée canaliser sur une tâche précise, il se sentira évoluer, progresser vers son idéal et prendra confiance en lui.

Pour lui permettre d'être solide d'un point de vue identitaire, il faut favoriser l'expression artistique : écriture, peinture, théâtre, musique, par exemple et l'aider à gérer la frustration qu'il ressent de ne pas pouvoir tout faire ni tout être, à la perfection, en sublimant.

Cela dit, si certains ont des fragilités narcissiques, d'autres au contraire, ont développé une identité d'autant plus solide qu'elle s'est construite sans modèles adaptés à eux, auxquels s'identifier.

54 QUELLES SONT LES POSSIBILITÉS D'ERREURS DIAGNOSTIQUES, À L'ADOLESCENCE, CHEZ LES SURDOUÉS NON DÉTECTÉS ?

Un enfant précoce qui n'a pas été détecté risque, à l'adolescence, d'être affublé, à tort, d'un diagnostic de pathologie psychiatrique si le professionnel ne connaît pas la précocité et que l'enfant est en grande souffrance. La raison à cela, c'est que de nombreuses caractéristiques du surdon, lorsqu'elles sont exacerbées par la souffrance, peuvent concorder avec un tableau de pathologies psychiatriques.

Un adolescent surdoué qui se pose des questions sur le sens de la vie, qui se désintéresse des rapports avec les autres pubères qu'il juge « trop immatures » et qui passe plus de temps à lire qu'à sortir en boîte de nuit, peut passer, aux yeux d'un thérapeute, pour un dépressif, puisque, pour une personne ordinaire, se questionner sur le sens de la vie est la manifestation d'un certain pessimisme : s'interroger sur le sens de la vie, c'est vouloir mourir ? Et le fait de ne pas chercher à interagir avec les autres paraît anormal dans la période où les adolescents ordinaires ne pensent qu'aux rapports sociaux.

Un surdoué pubère qui est replié sur lui-même, très solitaire, timide et qui a une vie imaginaire intense peut aussi passer pour un schizoïde alors qu'il ne s'agira que d'un surdoué lambda qui n'a pas encore trouvé sa place auprès des autres.

Un surdoué qui est très perfectionniste, obstiné et qui intellectualise beaucoup peut passer pour un adolescent ayant un trouble de la personnalité obsessionnelle.

Les conduites excessives de l'adolescent surdoué en souffrance peuvent être importantes en raison de son hypersensibilité. Cela peut conduire un praticien à penser à un trouble bipolaire ou à une personnalité borderline (état limite), car ils partagent la même peur : l'angoisse d'abandon pour l'état limite et la peur de ne pas être assez aimé et de ne pas compter pour le surdoué.

Lorsque l'enfant somatise beaucoup, le praticien peut également envisager un diagnostic d'hystérie. Si l'enfant ne canalise pas ses pensées et ses idées, s'il a trop d'imagination, il peut aussi rapidement passer pour un schizophrène.

Dans de rares cas, un faux diagnostic de bipolarité (en phase maniaque) peut être posé chez un enfant par ailleurs heureux et équilibré, lorsque celui-ci, très expressif, très énergique opère des digressions importantes dans ses raisonnements, « saute du coq-à-l'âne », semble s'amuser avec des jeux de mots permanents et débite un flot de paroles difficile à arrêter.

55 QUELS SONT LES ÉVENTUELS EFFETS PERVERS DONT PEUVENT ÊTRE VICTIMES LES SURDOUÉS NON DÉTECTÉS ?

Si dans l'enfance d'un surdoué, les parents manifestent un agacement face aux questions incessantes de celui-ci et/ou qu'il constate, très jeune, qu'il ne réagit pas de la même manière que les autres, il peut avoir tendance à renoncer à ce qu'il est pour ne pas paraître étrange ou embêter les autres. S'il renonce ainsi à ses particularités, les parents et les professeurs ne verront pas qu'il est doué et l'enfant n'exprimera pas sa personnalité.

Tous les enfants vont se créer une image d'eux-mêmes, en partie, en fonction du regard que leur renvoie autrui. Si un parent ou un professeur n'a pas confiance dans les capacités d'un enfant, il risque de le pousser à échouer. Ce lien de cause à effet est nommé « effet Pygmalion négatif ».

Les enfants surdoués, plus que les enfants ordinaires, peuvent avoir tendance à opérer un mimétisme pervers : se limiter pour ressembler aux autres, ne pas être meilleurs que leurs frères et sœurs éventuels, être plus proches de leurs parents. Et par conséquent, renoncer à eux-mêmes. Ou pire, développer le sentiment que leur particularité est une chose honteuse à cacher.

Ils risquent alors de se construire dans un intense sentiment de culpabilité et ils peuvent éventuellement développer une névrose d'échec. En eux, grandira l'impression d'une incompétence d'autant plus importante qu'ils auront renoncé à eux-mêmes.

Si ce risque est particulier à la population des surdoués, c'est parce que les différences entre eux et les autres sont grandes et qu'ils subissent donc une « pression de la norme » de manière bien plus violente que les autres enfants. Cette pression peut être vécue de façon tellement annihilante qu'ils peuvent développer, éventuellement, une sorte d'excentricité bizarre à la puberté et nourrir progressivement une révolte contre la société. Ces enfants auront mis en place, au final, tellement de mécanismes de défense pour ne pas être atteints dans leur moi, qu'ils peuvent devenir insensibles en surface et impossibles à cerner.

QUELLES AFFECTIONS SONT LES PLUS TYPIQUES DE L'ENFANT SURDOUÉ ? 56

La proportion de maladies psychiatriques ou de troubles cognitifs et névrotiques est, jusqu'à preuve du contraire, équivalente que l'on soit surdoué ou non. Les enfants précoces ne sont *a priori* pas davantage exposés à ces troubles que le reste de la population.

Certaines affections, en revanche, sont plus fréquemment associées au surdon en raison des spécificités des surdoués. Certains types de troubles sont plus caractéristiques de la précocité que d'autres.

- L'anorexie, qui semble être une maladie typique des filles surdouées, selon Claire GRAND.
- Les troubles « dys » tels que la dyslexie, la dysorthographie, la dyscalculie, la dysgraphie, la dyspraxie visuospatiale et les troubles instrumentaux. Certains auteurs avancent que les enfants surdoués y sont même davantage sujets, qu'il y a souvent des cas de dyslexie dans les familles où il y a des personnes surdouées. D'autres, en revanche, contestent cette idée.
- La spasmophilie, les allergies et les maladies auto-immunes en raison d'une tendance à la somatisation chez ces enfants émotifs. Tout l'organisme est trop réactif, donc également le système immunitaire qui s'attaque plus facilement à des éléments non dangereux, d'où les allergies et les maladies auto-immunes. Certaines études ont également mis en évidence un équilibre hormonal différent chez les surdoués, qui pourrait expliquer certains dysfonctionnements immunitaires.
- Les tics, car le degré d'émotivité influe sur leur déclenchement.
- La phobie scolaire ou sociale en raison de l'inadaptation dont peuvent souffrir certains enfants surdoués à l'école, d'éventuelles moqueries dont ils pourraient être victimes du fait d'être différents.
- Les attaques de panique (Voir la question sur l'anxiété et les enfants surdoués).

- Les troubles obsessionnels compulsifs (TOC) lorsque le perfectionnisme de l'enfant devient maladif.
- La dépression existentielle (Voir la question sur la particularité de la dépression des enfants surdoués).

Dans un registre non-pathologique, il semblerait que la synesthésie soit un phénomène neurologique caractéristique des individus disposant d'une efficience intellectuelle supérieure.

57 LES ENFANTS SURDOUÉS SONT-ILS PLUS SUJETS À LA DÉPRESSION ?

Certains chercheurs émettent l'hypothèse que la possibilité de souffrir d'un déficit en sérotonine des enfants précoces (Voir la question sur le sommeil des enfants surdoués) augmenterait le risque de dépression chez l'enfant surdoué. La grande lucidité de l'enfant couplée à de l'hypersensibilité et au besoin profond de sens seraient aussi des caractéristiques qui favoriseraient *a priori* la possibilité de souffrir de cette affection. Pour autant, peut-on dire que l'enfant surdoué risque davantage d'être dépressif que les autres enfants ?

L'origine de la dépression est encore relativement méconnue, mais on sait qu'il y a deux facteurs principaux : un terrain génétique (un facteur de plus ou moins grande fragilité) et des causes environnementales (des micro-traumatismes à répétition ou un traumatisme violent et unique). En aucun cas, l'efficience intellectuelle n'influe donc sur ces deux facteurs.

Parmi les études censées prouver un lien entre la fréquence d'un trouble dépressif et la précocité, nombreuses sont celles qui ont été effectuées en se basant sur l'observation d'enfants surdoués détectés, rencontrés dans des associations ou dans les cabinets des psychologues. Or, lorsqu'un enfant a de très bonnes capacités, qu'il est bien intégré, qu'il réussit à l'école et qu'il ne souffre pas, il ne va pas voir un psychologue et les parents n'adhèrent à aucune association. L'enfant n'est tout simplement pas détecté surdoué.

Jusqu'à preuve du contraire, rien ne démontre donc que les surdoués soient davantage sujets à la dépression. Si certaines caractéristiques de ces enfants peuvent éventuellement expliquer la prévalence d'un trouble dépressif, il ne s'agit, à ce jour, que d'hypothèses pour expliquer un lien présumé, c'est-à-dire, qui n'est pas vérifié par une démarche scientifique rigoureuse.

58 COMMENT SE CARACTÉRISE LA DÉPRESSION DE L'ADOLESCENT SURDOUÉ ?

La dépression se caractérise par une perte de vitalité physique et psychologique qui impacte tout le comportement. Le sujet qui souffre de dépression a une vision sombre de l'existence : il ne trouve plus de sens aux choses, il manque par ailleurs d'énergie pour affronter les défis qu'impose la vie. L'esprit est envahi par un sentiment d'absurdité et l'individu ne trouve plus aucun plaisir dans ses activités, il se sent vide. La dépression détruit la structure de la personnalité.

La dépression chez l'adolescent surdoué se manifeste souvent comme une crise existentielle et idéologique profonde. Elle ressemble, dans ses manifestations, aux questionnements qui peuvent intervenir à l'occasion d'une période de la vie ou d'un événement traumatisant particulier qui pousse quelqu'un à remettre en question les fondements de son existence : la crise de la quarantaine, par exemple. Seulement, chez le surdoué, aucun événement particulier n'en est la cause.

Cette dépression existentielle va se manifester par une réflexion poussée jusqu'à l'absurde, une remise en cause des fondements de sa propre existence individuelle, souvent gouvernée par la question : « Qui suis-je vraiment ? », mais aussi des fondements de l'existence tout court : « Quel est le sens de la vie ? » ainsi qu'une remise en question idéologique importante qui se manifeste éventuellement par des questions philosophiques sur la mort, la liberté, la solitude.

Cette modalité de la dépression ressemble à l'expérience de désintégration positive décrite par Kazimierz Dabrowski. La structure de la personnalité va se transformer de fond en comble, en passant par une souffrance psychologique intense pour se restructurer différemment.

Chez les jeunes enfants de deux à six ans, la dépression se manifeste fréquemment par de l'agressivité, une certaine hyperactivité et un éventuel repli social. À partir de l'âge de six ans, on constate généralement une grande irritabilité et l'enfant se dévalorise constamment. Pour Olivier Revol, ces signes, chez un surdoué parallèlement agressif, « mythomane » et/ou qui a des idées obsédantes, doivent alerter.

59 LES ENFANTS SURDOUÉS SONT-ILS PLUS ANXIEUX ?

On a tendance à penser que l'anxiété est symptomatique de la précocité, ce qui est erroné. L'anxiété est présente chez presque tous les sujets qui traversent des difficultés psychiques. Elle est associée à la dépression, à la schizophrénie, à l'autisme et peut aussi être passagère chez n'importe quel individu sans signer de difficultés psychiques profondes.

Si on associe fréquemment précocité et anxiété, c'est sans doute parce qu'on s'imagine que la lucidité est anxiogène. Voir le monde « tel qu'il est » peut conduire à l'anxiété. C'est ce que dit Olivier Revol dans une étude sur les enfants précoces : l'anxiété « est constante chez les enfants surdoués. L'intelligence est logiquement anxiogène lorsqu'elle donne accès à des questionnements existentiels que le jeune enfant ne peut assumer ».

Les quelques études visant à mettre en lien précocité et anxiété s'avèrent moins tranchées ou se contredisent mutuellement. On ne sait pas dire si la précocité prédispose vraiment davantage à l'anxiété ! Par contre, on doit reconnaître que celle-ci est un motif de consultation récurrent chez les enfants précoces.

60 POUR QUELLES RAISONS L'ANXIÉTÉ PEUT-ELLE SE MANIFESTER CHEZ L'ENFANT SURDOUÉ ?

Le mode de raisonnement de l'enfant précoce peut se résumer par le sophisme suivant : « Tout ce qui est pensable est possible, tout ce qui est possible est pensable. » Il aura tendance à avoir très tôt conscience de la mort et, à l'adolescence, à craindre la survenue d'accidents, de maladies, de guerres ou de fin du monde. Cette peur est vécue parfois de façon très intense, irrationnelle pour la plupart des gens et peut conduire à la mise en place de rituels d'apaisement de type TOC (Olivier Revol).

Ce qui étonne souvent en cabinet de consultation, ce n'est pas tant la prévalence de l'anxiété chez les enfants précoces que l'intensité particulière de ces manifestations. Autrement dit, lorsque l'enfant précoce est anxieux, ses préoccupations peuvent rapidement virer à l'obsession.

L'anxiété peut éventuellement déboucher sur une anticipation anxieuse de tous les moments de séparation : aller à l'école ou en revenir, de toutes les situations qu'il ne maîtrise pas : aller parler à quelqu'un qu'il ne connaît pas, etc. Enfin, les enfants surdoués semblent davantage que les autres s'angoisser sur des questions existentielles : la question « des limites », de la vie après la mort, du sens de la vie, etc.

On peut aussi interpréter l'anxiété de l'enfant précoce comme la conséquence de son hyperesthésie : ses sens en alerte peuvent exacerber l'anxiété (Voir la question sur l'hypersensibilité). De sa grande imagination qui lui permet d'imaginer des dangers potentiels. De son perfectionnisme qui le pousse à s'inquiéter d'être mis en difficulté, de faire des erreurs qui semblent anodines pour la plupart des autres enfants. De sa dyssynchronie sociale (Voir la question sur la dyssynchronie) qui peut le pousser à porter un « masque » pour s'adapter, coûteux en énergie, et enfin, de son altruisme qui conduit de temps en temps l'enfant à s'oublier pour contenter les autres.

Et enfin, la recherche a mis en avant le fait que les surdoués pouvaient souffrir d'un « déficit de l'inhibition latente ». L'inhibition latente est un processus cognitif inconscient qui permet à l'individu d'ignorer les stimuli non pertinents de son environnement : le tic-tac d'une horloge, le bruit des pas de quelqu'un, etc. Le fait de ne pas pouvoir faire spontanément le tri dans ces différents stimuli peut conduire l'enfant, éventuellement, à une sorte de « saturation mentale » qui génère de l'anxiété. À l'inverse, un déficit de l'inhibition latente, s'il est bien vécu, permet une meilleure réceptivité à l'environnement et est source de créativité.

61 QUELLES SONT LES PARTICULARITÉS DU SOMMEIL DES ENFANTS PRÉCOCES ?

Les enfants précoces sont souvent décrits comme étant de petits dormeurs faisant leurs nuits plus rapidement et arrêtant les siestes avant l'âge de trois ans. Pour autant, leur sommeil est fréquemment dépeint comme étant de mauvaise qualité : l'enfant peut se montrer de mauvaise humeur le matin, car il se réveille avec une sensation de fatigue.

Les neurologues ont démontré que l'architecture du sommeil des sujets précoces différait de celui des enfants non précoces par le nombre de phases et la durée du sommeil paradoxal. Le sommeil comporte trois phases : une phase de sommeil léger, une phase de sommeil profond et une phase de sommeil paradoxal. Le sommeil profond est la phase de repos. Le sommeil paradoxal est la phase où se déroulent les rêves et où l'activité psychique est intense.

La recherche sur le sommeil démontre que plus un organisme est capable d'apprentissage et de mémoire, plus ses phases de sommeil paradoxal sont importantes. Les bébés passent 50 % de leurs nuits en état de sommeil paradoxal, ce qui explique leurs capacités d'apprentissages importantes. Les adultes n'y consacrent que 20 % de leur nuit. Les reptiles et les oiseaux n'en ont pas. Les déficients intellectuels, quelle que soit l'étiologie de leur trouble, ont un taux plus bas de sommeil paradoxal que les enfants normaux. Les sujets précoces ont un taux plus élevé que les enfants d'efficience moyenne. Cela montre que le taux de sommeil paradoxal est en lien direct avec la plasticité cérébrale.

Ces trois phases forment un cycle qui dure entre une heure trente et deux heures, en général. Le sommeil d'un enfant ordinaire comporte en moyenne quatre cycles dans une nuit quand celui d'un enfant surdoué en compte environ six, car ses cycles durent moins longtemps, en moyenne 70 minutes. Un enfant surdoué plonge plus rapidement dans le sommeil paradoxal, voire ne passe pas par la phase de sommeil léger. Il n'est pas rare qu'un enfant surdoué, par exemple, fasse des rêves durant une courte sieste ou soit sujet à des sursauts violents durant la toute première phase de sommeil.

62 COMMENT EXPLIQUER CERTAINS TROUBLES DU SOMMEIL DES ENFANTS PRÉCOCES ?

Parmi les plaintes les plus fréquentes à l'origine d'une consultation de la part des parents d'enfants précoces, on retrouve les troubles du sommeil : les problèmes d'endormissement et/ou les réveils fréquents, l'hypersomnie, les terreurs nocturnes, le sommeil agité, les cauchemars terrifiants, l'énurésie tardive et le somnambulisme. Si ces plaintes sont fréquentes, elles ne sont, heureusement, pas présentes chez tous les enfants surdoués !

Le problème d'endormissement semble attribuable à deux facteurs : la suractivité psychique et l'anxiété de séparation particulièrement importante chez ces enfants. L'enfant ne sait pas arrêter de penser, il a tendance à cogiter avant de dormir, ce qui l'empêche de se laisser aller. Le moment de s'endormir peut aussi être angoissant dans la mesure où cela suppose de renoncer au plaisir de la journée, lâcher-prise d'un état de ressenti, quitter ses parents et se retrouver seul. Ce qui est difficile pour un enfant précoce.

De plus, l'avidité des enfants surdoués les pousse à ne pas ressentir la fatigue, voire à l'ignorer. Le besoin de stimulation, de créer, de vivre des choses fortes peut les pousser à rêvasser avant de s'endormir pour compenser une journée insuffisamment stimulante et remplie.

Le faible taux de sommeil léger et le fort taux de sommeil paradoxal des sujets précoces (Voir la question sur les caractéristiques du sommeil des enfants précoces) permettent d'expliquer, en partie, la fréquence des cauchemars, l'énurésie, le somnambulisme, la sensation de fatigue au réveil. L'enfant surdoué fait davantage de rêves et, par voie de conséquence, se repose moins. Il faut noter également que durant la phase de sommeil paradoxal, la production de sérotonine est inhibée. Plus le taux de sommeil paradoxal est important, plus le taux de production de sérotonine baisse. La sérotonine régule l'horloge circadienne et provoque la sensation de bien-être. Un déficit de sérotonine peut entraîner de l'insomnie et peut expliquer la mauvaise humeur du matin en lien avec la fatigue ressentie. Le fait que le sommeil soit davantage perturbé peut entraîner paradoxalement une plus grande fatigue et par conséquent, de l'hypersomnie ou des successions de périodes d'insomnie et d'hypersomnie.

63 LES SURDOUÉS SONT-ILS SOUVENT DYSGRAPHIQUES ?

Il est assez fréquent de rencontrer des enfants surdoués ayant des difficultés avec l'écriture, notamment les garçons. Celle-ci apparaît brouillonne, déformée, malhabile ou saccadée, hypertonique, pleine d'angles. Elle peut changer de dimension et de forme au bout de quelques lignes d'écriture. Parfois, elle est exagérément petite, parfois exagérément grande. Cette maladresse dans l'exécution du geste est interprétée, à tort, comme étant due à un manque d'application de l'enfant.

En graphologie, le niveau de l'intelligence se mesure à la rapidité d'exécution de la forme graphique : plus la pensée est vive, plus l'écriture est rapide. Le problème de l'enfant surdoué, c'est que sa pensée est trop rapide par rapport à son habileté graphomotrice. Il en résulte que l'enfant écrit en tension et a des difficultés à trouver une forme graphique qui permette l'expression de la vivacité de sa pensée.

Un enfant tout-venant écrit de manière instinctive ; l'enfant surdoué doit presque toujours produire un effort supplémentaire de concentration, il doit « conscientiser » l'acte graphique pour en maîtriser la forme. De ce fait, certains enfants surdoués n'arrivent pas à écrire tout en écoutant un cours, d'autres finissent par écrire tellement lentement qu'ils ne peuvent plus suivre le rythme de l'école et sont obligés d'écrire sur un ordinateur. Les difficultés d'écriture sont occasionnellement si importantes qu'elles nécessitent de la rééducation alors qu'elles n'ont pas d'origine fonctionnelle.

Un trouble du schéma corporel, un handicap visuel, une difficulté émotionnelle, une difficulté motrice générale peuvent être à l'origine de la dysgraphie. La plupart du temps, l'enfant surdoué n'est, de ce fait, pas dysgraphique. Les difficultés d'écriture ne sont imputables qu'à l'immaturité du geste graphique, au manque d'habileté par rapport à la rapidité de la pensée. Pour autant, ces difficultés d'écriture peuvent constituer un vrai handicap.

SURDOUÉ OU TDAH ? 64

On confond fréquemment l'enfant surdoué avec l'enfant atteint d'un TDAH (Trouble Déficitaire de l'Attention avec ou sans Hyperactivité). Cela pour plusieurs raisons : l'enfant surdoué peut se montrer très énergique et ne pas tenir en place. Un enfant qui s'ennuie à l'école va s'agiter plus que les autres et manifester des signes d'impatience. Un enfant qui pense vite peut devenir impulsif, car il voudrait que les choses aillent plus rapidement. Et enfin, un enfant dont l'attention n'est pas canalisée parce que les tâches proposées lui apparaissent rébarbatives, s'évadera dans ses pensées et, par conséquent, se montrera distrait.

En effet, le TDAH regroupe ces trois symptômes : l'agitation, l'inattention et l'impulsivité.

Par l'observation clinique, il est extrêmement difficile de différencier avec exactitude si le comportement de l'enfant est plutôt le signe d'un trouble ou d'un fonctionnement à haut potentiel, car leurs manifestations présentent de nombreux points communs.

Certains surdoués sont éventuellement agités, ils semblent comme « motorisés », se tortillent dans tous les sens, se montrent excitables et/ou rêvassent en classe, ils sont tête en l'air, donnent l'impression d'être ailleurs, peuvent répondre à des questions de manière impulsive, avoir des accès de colère, etc. Pourtant, ces comportements sont le signe d'un TDAH.

À l'inverse, certains enfants atteints de TDAH manifestent des signes qui sont plutôt associés à la douance comme l'hypersensibilité, un besoin constant de stimulation, et éventuellement, une grande créativité et un côté « passionné ».

Et enfin, certains signes sont communs aux deux particularités : les enfants atteints de TDAH et les sujets précoces détestent fréquemment s'ennuyer, n'aiment pas les activités répétitives, ne tolèrent pas l'injustice, préfèrent apprendre à leur manière, etc.

Pourtant, les sources de ces manifestations similaires sont très différentes. Le TDAH est un trouble d'origine neurologique, ce que le surdon intellectuel n'est pas. Un enfant atteint de TDAH est dans l'incapacité constitutionnelle d'avoir une attention soutenue, tandis que l'enfant surdoué peut avoir des difficultés de concentration parce qu'il a besoin de stimulation intense pour mobiliser son esprit.

Seul un bilan neuropsychologique complet permet de déterminer la nature exacte des difficultés de l'enfant.

LE TDAH EXISTE-T-IL VRAIMENT ? 65

Oui. L'idée selon laquelle le TDAH n'a aucune réalité clinique, n'est qu'une conséquence des dérives éducatives des jeunes d'aujourd'hui, est problématique. Un enfant avec des difficultés de concentration peut remédier à celles-ci, progressivement, si on rétablit un cadre nécessaire. Un enfant avec un TDAH ne peut pas, même lorsque le cadre est propice, réussir à l'aide de sa volonté, à gérer ses troubles.

On estime que le TDAH touche *a priori* entre 3 et 5 % de la population. Pourtant, lorsqu'on écoute les enseignants, on apprend qu'au moins 50 % des jeunes manifestent des difficultés à suivre un cours. On peut y voir un changement de société : les jeunes sont tellement stimulés de toutes parts par la télévision, le téléphone, les jeux, qu'ils ne savent plus se concentrer sur une tâche pour l'approfondir.

Dès lors, il devient compliqué de mesurer avec exactitude la prévalence de ce trouble sur l'ensemble de la population et de venir en aide, voire de prendre au sérieux, les enfants qui en sont véritablement atteints. Les enjeux sont pourtant considérables puisqu'on ne traite pas de la même manière un enfant qui a des difficultés de concentration et un enfant qui a un dysfonctionnement cérébral.

Le TDAH est un trouble que l'on a décelé qu'au début du XXe siècle. Parce que cette découverte est tardive, on entend beaucoup de personnes discréditer la pertinence de ce diagnostic. Pourtant, c'est un trouble qui a toujours existé.

66 PEUT-ON CUMULER SURDON INTELLECTUEL ET TDAH ?

On peut cumuler surdon intellectuel et TDAH. Cela se traduit assez fréquemment par des résultats très hétérogènes au test de QI avec des résultats élevés dans certains domaines et des difficultés aux items nécessitant la manipulation intellectuelle de données et la mémoire à court terme.

L'association d'un surdon et d'un TDAH donne en général un mélange explosif. Elle est source, la plupart du temps, de souffrances pour l'enfant, les parents et les enseignants. Les deux spécificités se potentialisent mutuellement : les excès de l'enfant atteint d'un TDAH accentuent, par exemple, la tendance au perfectionnisme de l'enfant surdoué, ce qui engendre une peur presque maladive de l'échec, une très grande anxiété de performance à l'origine d'un manque d'estime de soi important. Ces enfants sont souvent décrits comme ayant une très forte personnalité, étant très têtus, voire bornés et portés éventuellement à l'opposition systématique. On les accuse aussi souvent, à tort, d'être paresseux.

De manière générale, l'enfant semble deux fois plus impatient, deux fois plus impulsif, deux fois plus sensible et très fragile au regard d'autrui.

67 L'ENFANT SURDOUÉ EST-IL UN ENFANT AVEC AUTISME ASPERGER ?

Non. Si on évoque parfois un continuum entre surdon et autisme au niveau des « symptômes », les enfants avec autisme Asperger ont un QI dans la norme ou légèrement supérieur.

Le syndrome d'Asperger se manifeste par une altération des capacités d'établir une communication avec les autres, de s'adapter, de manière efficace, au « jeu social » et par des intérêts restreints, des activités répétitives et stéréotypées.

Les enfants porteurs du syndrome d'Asperger ont, par exemple, des difficultés avec la communication implicite, car ils ne traitent pas une information globalement. Ils appréhendent séparément chaque donnée : ils manquent de « cohérence centrale ». Les enfants surdoués, quant à eux, n'ont pas les mêmes implicites que la population générale (Voir la question sur les « implicites communs »). Par conséquent, ils peuvent ressentir des difficultés à communiquer, notamment en prenant « au pied de la lettre » certaines expressions ou phrases, mais ces difficultés ne sont pas l'expression d'une altération des compétences sociales.

L'enfant porteur du syndrome d'Asperger a des difficultés avec l'empathie (ce qui ne veut pas dire qu'il n'en a pas). Il a, par exemple, des difficultés à différencier le lien entre la mimique et l'émotion chez un autre individu. Il a, globalement, une compréhension des émotions d'autrui sans subtilité. Au contraire, l'enfant surdoué est capable de ressentir de manière très élaborée le ressenti d'autrui.

De plus, si les enfants surdoués, tout comme les enfants porteurs du syndrome d'Asperger, peuvent manifester un intérêt intense, quasi obsessionnel, à un moment donné pour un sujet ; chez l'enfant surdoué, les thèmes de curiosité sont généralement plus variés.

Et enfin, les enfants surdoués apprécient généralement de partager leurs centres d'intérêt avec les autres enfants. S'ils ne le font pas, c'est parce que leurs camarades n'ont pas nécessairement les mêmes centres d'intérêt. L'enfant porteur d'un syndrome d'Asperger aura tendance à parler d'un sujet qui le passionne sans chercher à échanger avec autrui.

68 PEUT-ON ÊTRE SURDOUÉ ET PORTEUR DU SYNDROME D'ASPERGER ?

On peut être porteur du syndrome d'Asperger. On peut être surdoué. On peut être surdoué et avoir des « traits autistiques » légers sans obtenir un diagnostic de trouble autistique avéré et on peut être surdoué et porteur du syndrome d'Asperger. Dans ce dernier cas, on parle d'individus « doublement exceptionnels ».

Le QI est alors supérieur à 130 et les deux profils se combinent. On constate également souvent des pics d'habilités à certains subtests lors du test d'intelligence. Pour Tony Attwood, référence en matière d'autisme Asperger, 50 % des autistes Asperger surdoués ont une prédominance « verbale », un ICV bien supérieur à l'IRP. D'autres obtiennent des scores particulièrement élevés à l'épreuve des cubes de Khos. Cela laisse penser que le syndrome d'Asperger peut être responsable, dans certains cas, d'une dysharmonie des compétences intellectuelles. Pour autant, cette dysharmonie peut avoir d'autres causes et n'est pas obligatoirement présente.

L'enfant surdoué avec un syndrome d'Asperger réussira mieux qu'un enfant porteur du syndrome d'Asperger qui n'est pas surdoué, à s'adapter aux autres. On peut dire qu'il compense certaines difficultés par son efficience intellectuelle. Pour autant, ces compensations ont un fort coût en énergie et peuvent induire un épuisement et un stress considérables. Le sujet ressent fréquemment de nombreuses difficultés dont il peut souffrir, mais celles-ci paraissent invisibles.

69 POURQUOI CERTAINS SURDOUÉS SE RETROUVENT-ILS EN ÉCHEC SCOLAIRE ?

L'enfant surdoué ne sait pas apprendre, car il est habitué à connaître rapidement et facilement ses leçons, sans fournir d'effort véritable, sans structurer ses connaissances. Les méthodologies imposées par le système scolaire lui sont inutiles au moins jusqu'en 4e, car il est autonome dans sa réflexion. De plus, il déteste fréquemment appliquer des recettes toutes faites et préfère développer sa propre façon de faire.

Pour ces raisons, nonobstant des résultats scolaires éventuellement supérieurs, il peut progressivement accumuler des lacunes discrètes qui peuvent le mettre en difficulté au moment où l'application de méthodes devient essentielle. Si, par ailleurs, il n'avait que des « résultats corrects » et n'a pas été détecté précoce, il sera alors en grand danger d'échec. Un enfant surdoué qui réussit moyennement sans saut de classe n'a probablement jamais fait ses devoirs ou appris vraiment.

On peut parfois déplorer aussi de grosses lacunes au niveau des connaissances, car la mémoire du petit ne s'est pas suffisamment exercée : le savoir est acquis trop rapidement et sera, par voie de conséquence, oublié totalement au bout de quelques semaines. Les autres enfants ont développé le sens de l'effort, ont travaillé leur mémoire, développé des techniques pour retenir leurs leçons, appris à suivre une méthodologie. Leur esprit s'est structuré en lien avec les exigences scolaires.

Le surdoué, quant à lui, accumule les lacunes jusqu'à ne plus pouvoir suivre le rythme d'apprentissage sans une aide extérieure. Les difficultés apparaissent brutalement : l'enfant qui était habitué à réussir sans effort se sent tout à coup « noyé ». Les parents, qui sont habitués à laisser l'enfant se débrouiller, ne se rendent pas compte qu'il n'y arrive plus et pensent parfois qu'il s'agit de mauvaise volonté. L'enfant risque de perdre totalement confiance en lui, ce qui aura des conséquences sur sa motivation et son moral. C'est la spirale de l'échec !

L'Éducation Nationale parle d'un tiers d'échec scolaire chez les sujets surdoués. Il s'avère que cette estimation est totalement fantaisiste. Cela veut-il pour autant dire que l'échec scolaire des enfants précoce n'est pas une réalité dont il faut se préoccuper ? Compte tenu du fait qu'un QI élevé est le gage des capacités d'apprentissage d'un individu, chaque enfant surdoué qui redouble ou qui sort de l'école sans diplôme est le symptôme de l'incapacité du système scolaire de lui avoir délivré une pédagogie adaptée à ses besoins.

70 POURQUOI CERTAINS SURDOUÉS ONT-ILS DU MAL AVEC LA MÉTHODOLOGIE ?

C'est un autre problème qui explique l'échec des enfants, des adolescents, et même des jeunes adultes surdoués dans le système scolaire ou universitaire. Déjà, ils n'aiment pas suivre une méthodologie imposée, mais aussi et surtout, le fait pour certains de penser de manière arborescente (Voir la question correspondante) rend difficile la structuration des idées d'une manière imposée.

On entend souvent les professeurs dire d'eux qu'ils n'ont pas la pensée ordonnée. Ce qui est leur faire un faux procès ! La pensée en arborescence est une pensée extrêmement structurée, mais son « format » ne correspond pas à celui attendu. La pensée méthodologique est progressive et déductive, elle suit des procédés de démonstration clairs et explicites : A + B = C. La pensée en arborescence est prospective et inductive : le surdoué cherche dans « l'infini des possibles » la réponse la mieux adaptée, la plus pertinente. Il réfléchit dans plusieurs directions, sur plusieurs niveaux de réflexion, à la meilleure solution ou idée. Lorsqu'il doit rendre compte de la façon dont s'est élaborée sa pensée, il n'arrive pas à le faire clairement, cela peut apparaître sinueux.

Pour un individu à la pensée linéaire, suivre un plan en trois parties aide à pouvoir approfondir la réflexion. L'enfant surdoué vit souvent le fait de devoir s'adapter à une méthode comme l'amputation d'une partie de sa pensée, il doit contrarier le déroulement naturel de ses idées. Il aime être autonome dans sa réflexion.

Pour autant, l'apprentissage de la méthodologie revêt une importance capitale pour l'enfant surdoué : elle lui apporte les clefs pour mieux comprendre sa pensée et, surtout, pour apprendre à la communiquer d'une façon argumentée et claire.

71 POURQUOI LES ENFANTS SURDOUÉS ONT-ILS PARFOIS DU MAL À JUSTIFIER LEURS PENSÉES ?

Les enfants surdoués ont fréquemment quelque difficulté à justifier un raisonnement, en mathématiques et/ou à approfondir leurs pensées, en philosophie ou en français, par exemple. Lorsque la pensée d'un individu n'est pas linéaire, le raisonnement suit un « trajet hasardeux ». Lorsque l'enfant trouve la solution à un problème, il ne sait souvent pas expliquer comment il est arrivé à ce résultat. Refaire le chemin inverse du raisonnement est laborieux.

Néanmoins, pour reprendre le cas des mathématiques, le « trajet de la pensée » n'est pas emprunté totalement au hasard puisque l'enfant trouve la solution. On parle parfois d'une « intuition mathématique » qui pousserait ces enfants à trouver un résultat de manière instinctive. Cette idée d'intuition n'est pourtant pas absolument exacte puisque l'intuition exclut le recours au raisonnement et à l'expérience pour résoudre le problème. Or, l'enfant surdoué raisonne, mais il raisonne tellement rapidement, inconsciemment et dans tellement de directions, qu'il ne saisit pas précisément les chemins empruntés.

En français ou en philosophie, il a une vision synthétique des choses, il a tendance à aller à l'essentiel sans justifier suffisamment ses réponses. Ses idées peuvent être pertinentes, mais perdre en « qualité » parce qu'elles ne sont pas développées.

De temps en temps, on lui reprochera d'être superficiel. Ce qui est vrai et faux. Pour lui, justifier une idée, argumenter un raisonnement, revient à « faire du remplissage » et s'embarrasser de détails inutiles. Cela n'est pas naturel et lui demande un vrai effort. Il a cependant tendance à une certaine superficialité dans la mesure où il a besoin de nouveauté permanente et, par conséquent, il a du mal à approfondir ses raisonnements, il passe vite à autre chose.

C'est problématique pour obtenir de bons résultats en classe, mais cela le sera aussi, dans sa vie d'adulte, pour justifier de la cohérence de sa pensée, de ses décisions ou transmettre un savoir à quelqu'un qui ne raisonnerait pas comme lui. Pour cette raison, l'apprentissage des méthodes revêt une importance capitale pour lui. L'enfant surdoué doit développer l'aptitude à rendre compte de ses idées.

72 QUELLES SONT LES PARTICULARITÉS DE LA CRISE D'ADOLESCENCE D'UN SURDOUÉ ?

Un adolescent qui s'oppose à sa famille ou à l'école est un phénomène structurant et sain. En repoussant ainsi tous les modèles, toutes les lois qu'il avait par le passé suivis inconditionnellement en voulant contenter les autres, il cherche un moyen d'affirmer son propre désir, d'arrêter de s'identifier à ses parents pour exister de manière indépendante. Mais, ne nous y trompons pas ! Si la crise d'adolescence est structurante, elle peut prendre aussi des formes excessives qui laissent présager un véritable mal-être qui nécessite d'être entendu.

La crise d'adolescence du surdoué ne diffère pas, dans ses manifestations, de la crise d'adolescence classique. Quand crise il y a, l'adolescent surdoué peut se révéler dur, intraitable, rebelle, négociant tout, ne laissant rien passer, comme n'importe quel adolescent. Par contre, l'adolescent surdoué, contrairement à l'adolescent classique, n'est jamais insouciant.

L'adolescent classique est dans un rapport ambigu à ses parents : il les voit comme des modèles et parce qu'il les voit comme des modèles, il a besoin de s'opposer, par principe, afin de ne plus être gouverné par ces modèles. Les parents ont été d'autant plus idéalisés que l'enfant va s'opposer de manière arbitraire et violente. L'adolescent surdoué, très jeune déjà, s'est rendu compte des failles de ses parents et a arrêté de les idéaliser, il n'est donc plus gouverné par la problématique de son émancipation, il veut simplement que ses parents n'entravent plus sa liberté.

L'adolescent surdoué est donc généralement moins violent dans les actes et les mots envers ses parents que l'adolescent classique, mais davantage déstabilisant, culpabilisant. Il aura tendance à juger ceux-là avec une lucidité froide, à les remettre en question dans leurs identités. Les parents sentiront alors leur autorité menacée et qu'ils n'ont plus de prise sur l'enfant. C'est une guerre de pouvoir que l'adolescent surdoué engage, une guerre absolutiste nourrie par la volonté de faire régner la justice (Voir question sur le sens de la justice de l'enfant surdoué).

Cependant, de nombreux adolescents surdoués très matures ne font néanmoins pas de crise d'adolescence. Comme ils se sentent très vite à égalité avec leurs parents, ils ne ressentent pas le besoin d'enfreindre les règles ni d'être désagréables, car ils sont trop sensés pour cela.

73 QUEL RAPPORT LES ENFANTS SURDOUÉS ONT-ILS AVEC L'ENNUI ?

L'ennui prend une tonalité particulière chez l'enfant surdoué quand il y est sujet. Compte tenu de son intense besoin de stimulations, l'enfant surdoué est très intolérant à l'ennui.

Comme les enfants surdoués ont beaucoup d'énergie et raisonnent rapidement, toutes les situations dans lesquelles ils sont confrontés à un manque de vivacité (attendre que quelqu'un ait fini sa phrase, ait déroulé son idée), à la lenteur des autres (qu'ils n'aillent pas plus vite dans leur action) peuvent se révéler pesantes. Certains ont du mal à comprendre que ce qui est facile pour eux requiert plus de difficultés pour les autres et ils peuvent se montrer pressants et agacés, ce que les autres ne comprennent pas.

Plus que quiconque, ils détestent toutes les activités répétitives. Une fois qu'ils ont compris un exercice en mathématiques, par exemple, ils ne supportent plus d'en faire d'autres. Il n'est pas rare qu'ils imaginent de nombreuses stratégies pour rendre moins répétitives les activités routinières telles que se brosser les dents ou se laver, en les effectuant différemment chaque jour pour éviter la lassitude. Si certains sont capables d'être très patients et opiniâtres dans leur travail pour approfondir quelque chose, tous détestent attendre. Ils ont besoin d'efficacité, d'action.

L'enfant surdoué devra apprendre à gérer l'ennui, pour ne pas tyranniser son entourage et pour éviter la suractivité et la fatigue psychique que cela engendre. Toutefois, il doit également ne pas s'ennuyer trop longtemps. Si cette « énergie » ne peut pas s'exprimer, elle va fermenter à l'intérieur, l'enfant pourrait se scléroser. C'est alors par des voies d'expression pathologiques qu'elle se libérera : selon Perrine Vandamme, psychiatre spécialisée dans le haut potentiel, l'enfant peut, éventuellement, développer une sorte d'addiction à la rêverie extrêmement néfaste, qui le coupera du monde.

Empêcher un enfant surdoué de créer, de réfléchir, en un mot, de s'exprimer, c'est comme contenir un lion en cage. Rapidement, il perdra sa vitalité, il perdra confiance en lui et deviendra dépressif.

74 POURQUOI LES ENFANTS SURDOUÉS SE SENTENT-ILS PARFOIS SEULS ?

Le sentiment de solitude n'a rien à voir avec le fait d'être seul physiquement. Il est inhérent au fait de ne pas réussir à partager avec autrui des sentiments profonds. C'est pour cette raison que l'on dit que la pire des choses est de se sentir seul en présence des autres. Tout le monde est sujet, à un moment de sa vie, à ce sentiment, avec une intensité plus ou moins variable. Par observation empirique, il semblerait que l'enfant surdoué y soit davantage confronté et le ressente de manière particulièrement douloureuse.

Cela s'explique d'abord par la différence de fonctionnement intellectuel et de centres d'intérêt. Le jeune surdoué a souvent du mal à trouver des camarades qui partagent ses domaines de curiosité avec la même passion et, par conséquent, à échanger sur des sujets qui l'intéressent. En outre, l'enfant surdoué apprécie de discuter de « sujet de fond ». Ce qui lui plaît dans les conversations, c'est le moment où on se met à fouiller, à s'engouffrer dans les nuances, un moment qui requiert que l'interlocuteur et lui-même prennent position sur un sujet et puissent échanger en apprenant à se connaître intimement. L'enfant surdoué a besoin, pour rompre son sentiment de solitude, d'un véritable échange avec un individu qui ne joue pas la comédie, qui est apte à se mettre un peu à nu.

D'autre part, comme il a une réflexion profonde et féconde, il est porté à la création d'un « monde intérieur » qui assure la double fonction de le protéger du monde extérieur et de lui permettre d'épanouir son besoin intense de réflexion. Cet « univers intérieur », avec le temps, va le couper un peu plus des autres. Autrement dit, il lui sera difficile de communiquer précisément ses pensées et ses ressentis, même avec un autre enfant surdoué. Ces difficultés à communiquer ses pensées sont souvent difficiles à comprendre pour un parent qui croira, à tort, que l'enfant se renferme sur lui-même. L'enfant surdoué ressent, en réalité, que faire partager l'une ou l'autre de ses réflexions serait comme le fait d'intégrer une tierce personne en plein milieu d'un débat. Il sent, sait que vous n'allez pas bien saisir les enjeux de l'une ou l'autre de ses réflexions.

Si, de surcroît, l'enfant se met à étudier un sujet précis, à acquérir une culture spécifique, il lui sera, de fait, plus difficile encore de discuter avec des néophytes. C'est donc malgré lui qu'il se coupe des autres, malgré l'envie et le besoin réel d'échanger. Autrement dit, il ne veut pas s'enfermer dans son univers, mais il a des difficultés à permettre aux autres d'y accéder.

Cela dit, la communication est possible avec un enfant surdoué. Toutefois, elle requiert pour le parent qui ne partagerait pas la même façon de fonctionner que son enfant, beaucoup d'abnégation et de patience. Il doit favoriser une communication authentique. Il doit faire un vrai chemin pour comprendre sa façon de penser : décrypter ses références pour pouvoir situer ce qu'il veut vraiment dire, se montrer curieux de ses intérêts et être apte à prendre ses réflexions au sérieux.

CONSEILS PRATIQUES

75 POURQUOI CERTAINS SURDOUÉS PEUVENT-ILS PASSER POUR DES IDIOTS ?

L'individu d'intelligence normale se modèle sur la norme pour s'adapter ; le surdoué doit régresser vers la norme et forcer un comportement qui ne lui correspondra jamais. Un surdoué qui veut correspondre à la norme, c'est comme un petit pois qui voudrait passer par le chas d'une aiguille. Le surdoué ne voudra pas forcement paraître idiot, mais il aura l'air tellement ridicule en revêtant un habit trop petit pour lui qu'il pourra, malgré lui, passer pour un imbécile.

D'autres enfants encore cherchent à se faire passer pour « idiots » pour amuser la galerie. Les surdoués ont le sens de l'humour et de l'autodérision. Ils ont conscience de leurs « insuffisances » et de leurs failles avec une acuité féroce. Cela peut les conduire, à l'extrême, au sentiment qu'ils sont véritablement des idiots, qu'ils sont moins bien que les autres et les pousser à jouer de ces failles dans un souci d'authenticité, de vérité. Un enfant, en classe, qui ne comprend pas l'énoncé simple d'un problème (Voir la question sur les implicites communs) et qui voit que tous les autres enfants ont compris facilement se sentira profondément démuni. D'amuseur de galerie, il deviendra alors le pitre rebelle et immature qui ne prend rien au sérieux, en apparence. Heureusement, cette configuration est surtout fréquente chez les enfants non détectés.

Parfois aussi, c'est parce qu'ils sont parfois particulièrement naïfs, bons et incapables de calcul utilitaire. Au moment de l'adolescence, où les individus se mettent à se donner un genre, à faire semblant d'être quelqu'un et démontrer leur popularité, en d'autres termes, à mettre en place des stratégies pour être appréciés et convoités ; l'enfant surdoué, étant mal à l'aise avec ce « défaut d'authenticité », continuera à s'affirmer avec une simplicité désarmante qui donnera de lui l'image d'une personne décalée.

76 LES ENFANTS SURDOUÉS SONT-ILS INTOLÉRANTS À LA FRUSTRATION ?

Oui, dans certains cas. Le vécu émotionnel d'un enfant surdoué est le même que celui d'un enfant normal, mais vu à la loupe. Les enfants précoces ressentent les expériences de frustration de manière paroxystique et douloureuse. Lorsqu'ils veulent quelque chose, c'est avec ferveur, enthousiasme, emballement, conviction. L'intensité de l'émotion est telle que le renoncement à un désir peut prendre des proportions extrêmes allant dans certains cas jusqu'à ressembler au processus de deuil. Ils tiennent férocement à leurs désirs et ont, de surcroît, des difficultés avec le fait de lâcher prise lorsque quelque chose les comble ou promet de les combler.

Pour l'entourage, ce genre de comportement peut paraître irrationnel et disproportionné. Il peut témoigner d'une obstination, dans le temps, presque destructrice : l'enfant a du mal « à tourner la page », à « passer à autre chose », à guérir de la perte, dans son sens large.

La difficulté à affronter la frustration peut apparaître à d'autres niveaux : l'enfant surdoué a tendance à être impatient. Il veut que ses désirs soient satisfaits immédiatement. Il vit dans une sorte d'urgence permanente. Il est comme un ogre affamé qui a besoin de nourriture constante à dévorer.

Dans un autre ordre d'idée, ce sont des enfants qui détestent être confrontés à leurs limites. Ils ressentent avec une grande intensité le fait de ne pas réussir tout, tout de suite. Ils ont une grande exigence d'eux-mêmes et, par conséquent, peuvent être profondément fragilisés de constater leurs limites. Plus que chez n'importe quel enfant, cela peut aller jusqu'à engendrer des conduites d'évitement de la moindre difficulté ou provoquer une blessure narcissique profonde.

La difficulté à affronter les frustrations engendre parfois de la susceptibilité ou une sorte d'orgueil qui, dans certains cas, peut apparaître mal placé. Les surdoués veulent être parfaits, ils se sentent mal quand ils sont mis en défaut. Ils peuvent voir rapidement un reproche comme une offense directe à leurs compétences ou à leur identité.

77 COMMENT SAVOIR S'IL EST JUDICIEUX DE FAIRE TESTER SON ENFANT ?

Tous les parents d'enfants testés ont été confrontés à la même crainte : « Suis-je en train de commettre un péché d'orgueil en croyant que les particularités et difficultés de mon enfant sont le fruit d'un haut potentiel ? »

Décider de demander l'avis d'un professionnel est une démarche difficile. Quand un parent consulte un médecin pour savoir quelle maladie a son enfant, il n'en tire personnellement aucun mérite ni bénéfice, il aide son enfant. Quand il consulte un psychologue dans le cadre de la détection d'un surdon, il peut craindre de se réjouir d'avoir peut-être enfanté un « petit génie » et, sentant cela, il finit par douter de la neutralité de sa démarche, donc de sa pertinence. Ou, éventuellement, il se dit : « Si mon enfant n'est finalement pas précoce, je vais être ridicule, je vais passer pour le parent qui idéalise son enfant.» Ou encore : « Ne suis-je pas en train d'essayer de reporter la responsabilité de mes erreurs éducatives en cherchant dans cette direction ? »

Par conséquent, rares sont les parents qui s'autorisent à aller consulter sans y avoir été poussés par un enseignant, un médecin, un pédiatre ou une personne de l'environnement proche.

Il est rare que l'éventualité de la précocité ne fasse aucun doute. Pourtant, il est toujours judicieux de faire tester un enfant quand il y a une « zone d'ombre », c'est-à-dire que l'on sent que quelque chose du fonctionnement de notre enfant nous échappe ou lorsque l'enfant manifeste des difficultés d'ordre scolaire, émotionnel, comportementale. Un bilan intellectuel, s'il n'est pas vécu comme une façon de juger, de donner une valeur à son enfant en fonction de son potentiel, est toujours une démarche qui apporte des réponses.

Parce que les parents ont peur de se tromper, ils ne font donc que rarement tester leurs enfants sans un assentiment externe. Ce manque de confiance en leur intuition est regrettable, car les diverses études menées sur le sujet d'un pré-dépistage par les parents vont à l'encontre du préjugé selon lequel ceux-là ne sont pas objectifs, lucides sur leurs enfants et démontrent que ce sont eux les mieux placés, avant les enseignants et les médecins, pour pressentir si leurs enfants sont surdoués.

78 POURQUOI EST-IL IMPORTANT DE FAIRE PASSER UN TEST DE QI QUAND ON A UN DOUTE SUR LA PRÉCOCITÉ DE SON ENFANT ?

Dans le cas de résultats scolaires brillants, un bilan permet d'attester de capacités réellement supérieures, de déterminer si l'enfant pourra suivre un programme avancé sans se mettre en danger d'échec.

Dans le cas d'un enfant qui semble avoir de bonnes capacités inexploitées ou d'un enfant en échec scolaire, il est encore plus important de pratiquer un bilan cognitif. Ce sont ces enfants qui en ont le plus besoin parce qu'ils sont le plus en souffrance. Le fait d'apprendre que l'enfant est surdoué permet de donner un éclairage sur la situation et de résorber, éventuellement, les difficultés. En effet, si l'enfant surdoué est atteint d'un trouble « dys » ou de plusieurs, il n'alerte généralement pas son entourage par ses performances intellectuelles ni par ses difficultés. La précocité et le trouble peuvent passer inaperçus, car les compétences intellectuelles permettent à l'enfant de trouver des moyens compensatoires pour masquer ses difficultés. Mais attention, « compensé » ne veut pas dire « résorbé » ! Cela lui coûte une énergie qui n'est plus disponible pour autre chose et engendre de la souffrance.

Et enfin, le plus tôt on explique à un enfant pourquoi il est différent, le plus tôt et le mieux il pourra apprendre à accéder à toutes les parties de lui-même, apprendre à se connaître, se faire confiance, parce qu'il s'en sentira « autorisé ». Un enfant qui n'est pas détecté risque de grandir avec, au fond de lui, un sentiment d'anormalité ou d'étrangeté et avoir peur d'être fou ou de le devenir.

Dans tous les cas, pratiquer une détection permet de mieux comprendre les forces et les faiblesses de son enfant ainsi que son mode de fonctionnement intellectuel, ce qui est toujours appréciable, même s'il ne s'avère pas être surdoué.

79 EN QUOI SAVOIR QUE SON ENFANT EST SURDOUÉ CHANGE-T-IL QUELQUE CHOSE ?

C'est une question complexe dont on ne peut faire le tour qu'au cas par cas.

De manière générale, savoir que son enfant est surdoué permet, disons-le, de déculpabiliser les parents qui se sentent, de temps à autre, démunis pour comprendre leur enfant, mais aussi et surtout, de leur permettre de s'adapter à ses particularités et ses besoins spécifiques, en pleine conscience.

Un enfant surdoué a des attentes affectives plus importantes, un besoin de sécurité plus prononcé, un fonctionnement intellectuel différent, notamment la nécessité d'être nourri intellectuellement. Par exemple, un enfant surdoué de 11 ans qui ne peut s'endormir qu'avec une veilleuse ou qui ne supporte pas d'être trop longtemps éloigné de sa mère, cela n'est pas quelque chose de très inquiétant puisqu'il a, comme la plupart des enfants précoces, des besoins affectifs plus importants. (Pour autant, il ne faut pas l'encourager). Pour un enfant qui n'est pas surdoué, cela peut indiquer un « refus de grandir », être la manifestation de son insécurité ou l'expression d'une relation trop fusionnelle avec ses parents, à laquelle il faut tenter de remédier.

Si un enfant qui n'est pas surdoué pose, très jeune, des questions existentielles sur la mort, s'il a des inquiétudes sur la fin du monde, une peur irrationnelle d'un attentat, par exemple, cela indique presque toujours la présence d'affects dépressifs ou anxieux, d'intensité variable et un sentiment intérieur d'insécurité qu'il faut traiter. Un enfant surdoué qui a de telles réflexions peut très bien être un enfant parfaitement équilibré qui explore son environnement, tant que ces questions sont passagères.

80 TOUS LES « PSYS » SONT-ILS FORMÉS À DÉTECTER ET PRENDRE EN CHARGE LE SURDON ?

En France, tous les spécialistes (psychothérapeutes, psychiatres, psychanalystes) sont instruits sur le sujet de la schizophrénie qui représente, selon l'OMS en 2011, 0,3 % de la population. Pour ce qui est de la prise en charge du surdon qui représente environ 2,3 % de la population, ni les professeurs des écoles, ni les psychiatres, ni les psychologues ne sont vraiment formés.

À la différence des psychiatres, les psychologues sont plus ou moins formés à la question de l'intelligence, à la détection du surdon et à sa prise en charge, selon les universités. D'autres psychologues encore ont une formation d'orientation psychanalytique (Voir la question sur la vision de la précocité par la psychanalyse) et culpabilisent les parents dont l'enfant est trop éveillé.

Cela est très problématique, car s'il est vrai que l'on soigne des symptômes d'angoisse de la même manière, qu'on soit en présence de surdon ou non, c'est différent lorsqu'il s'agit de soigner la dépression d'un sujet surdoué dont les formes atypiques, la résistance thérapeutique et médicamenteuse doivent inquiéter et nécessitent que soient prises en compte les particularités de fonctionnement de l'enfant surdoué.

De fait, les problèmes relationnels que rencontre un enfant surdoué ne peuvent pas être interprétés de la même manière que chez un individu à l'intelligence standard, car les relations sont plus difficilement harmonieuses quand il existe une différence trop marquée entre deux individus. Une psychothérapie qui n'intégrerait pas les spécificités de la douance dans le travail, risque de contraindre le sujet à renoncer à ses spécifiés, donc empêcher l'enfant d'aller mieux.

OÙ FAUT-IL FAIRE TESTER SON ENFANT ? 81

Il n'est que trop conseillé de démarcher un cabinet privé ayant de l'expérience auprès d'une population de surdoués et cela pour plusieurs raisons. D'abord, vous avez le choix du professionnel qui va tester votre enfant, vous pouvez vous renseigner au préalable auprès des associations d'enfants précoces ou sur les différents blogs pour trouver un praticien qui aura fait l'unanimité. Ensuite, si le professionnel est bien choisi, vous êtes sûr d'avoir un bilan complet à la clef, qui vous permettra d'y voir plus clair. Et enfin, le temps d'attente est moins long généralement.

Dans les centres médico-psychologiques, il faut s'attendre à ce que votre enfant soit d'abord vu par un pédiatre qui estimera la pertinence de votre demande. De ce fait, dans de nombreux centres, il est très difficile d'obtenir que son enfant soit testé et les praticiens ne sont pas nécessairement compétents pour analyser les résultats. De plus, certains centres utilisent encore des versions très obsolètes des tests de QI, par manque de moyens ou sont d'orientation psychanalytique (Voir question sur la vision psychanalytique de la précocité).

Enfin, les psychologues scolaires sont parfois compétents pour dépister les enfants. Ils ont l'avantage d'être gratuits et *a priori* aptes à analyser un test, car c'est un exercice courant dans leur pratique. Par contre, il est difficile de se renseigner pour pouvoir estimer leur familiarité avec la précocité et le délai peut également être conséquent.

82 FAUT-IL DIRE À SON ENFANT QU'IL EST SURDOUÉ ?

Cette question peut paraître anodine, elle est pourtant fondamentale. Dire sans explication à un enfant : « Tu es surdoué. », c'est lui dire : « Avant même d'avoir prouvé quoi que ce soit dans ta vie, tu es déjà reconnu et tu as prouvé ta supériorité. » Ce qui est très néfaste pour lui ! Un enfant doit comprendre que ce n'est pas son intelligence qui fait sa valeur, mais ce qu'il fera de cette intelligence !

Le problème n'est pas de se prémunir contre le fait que l'enfant prenne « la grosse tête », car contrairement à une peur répandue des parents, l'enfant surdoué ne se sent pas supérieur. Il est surdoué, car il est lucide et comme il est lucide, il verra toujours autant ses forces que ses faiblesses. Le problème, c'est de mettre une pression à un enfant qui a, déjà, naturellement, tendance à chercher la performance. Ce qu'il entend par « surdoué », c'est super-héros, surnaturel, etc. Ce qu'il se dit ensuite, c'est : « Vu que je suis surdoué, je dois prouver aux autres que je suis capable de faire des choses extraordinaires, je dois être capable de faire des choses extraordinaires. ».

Les parents, en pensant désacraliser cette idée de supériorité, expliquent parfois à l'enfant « qui il est », en fonction de ce qu'ils ont lu : caractéristiques intellectuelles, affectives, etc. Ce qui n'est pas une bonne idée non plus. Tous les surdoués sont différents ! Plaquer des caractéristiques sur lui peut être un frein à l'expression de sa pleine personnalité. Le plus judicieux est encore de lui décrire le fonctionnement typique du surdoué et lui demander dans quelle mesure cela lui correspond : ça développe son sens analytique et l'introspection sans le conditionner dans une image prédéfinie de lui-même.

Bien entendu, il faut dire à son enfant qu'il est surdoué, mais en expliquant ce qu'est un surdoué : on peut lui dire, simplement, qu'il aura plus de facilités à certains niveaux, parce qu'il réfléchit vite, mais plus de difficultés à d'autres, là encore parce qu'il réfléchit trop et que ça peut compliquer les choses. Dire à son enfant qu'il est surdoué doit être, dans l'idéal, un prétexte à l'instauration d'une communication intime avec l'enfant, sur ses ressentis et ses idées.

Il est important aussi d'éviter de l'enfermer dans une étiquette de « surdoué ». Tout le comportement de l'enfant ne se résume pas à cette particularité.

83 EST-IL JUDICIEUX DE PARLER DE LA PRÉCOCITÉ À L'ENSEIGNANT ?

Il arrive que l'on puisse en parler facilement si le feeling passe naturellement. Le problème, c'est que cela dépend de la conscience professionnelle de l'enseignant dans son travail et de son ouverture d'esprit sur les sujets en lien avec la psychologie. On ne peut pas savoir à l'avance à quel enseignant on aura affaire.

Les réactions négatives que l'on observe le plus souvent viennent de l'enseignant qui pense que vous poussez votre enfant et qui peut vous prendre en grippe. Celui qui pense que votre enfant, étant donné ses capacités, aura moins besoin de son aide que les autres et qui le délaisse. Ou encore, celui qui nourrit une jalousie ou une fascination plus ou moins consciente envers votre enfant.

Les professeurs des écoles n'ont aucune formation sur la détection et la prise en charge des enfants précoces, tout comme ils n'ont également aucun module traitant du repérage des troubles « dys » en formation initiale. Il leur est possible, en revanche, sur leur demande et hors du temps scolaire, de recevoir une formation de deux fois deux heures sur ce deuxième sujet. Par conséquent, si l'enseignant ne connaît pas la précocité, il est peu probable que vous puissiez le sensibiliser uniquement en échangeant deux mots avec lui. En revanche, s'il connaît le sujet, il est probable que vous n'ayez pas à initier la conversation et qu'il vous en parle de lui-même.

Il faut également avoir à l'esprit qu'un enseignant doit s'occuper de beaucoup d'enfants ou adolescents. Il ne peut pas adapter sa pédagogie aux besoins particuliers de chaque élève. Certains enseignants cernent vite leurs élèves, leurs besoins et savent y répondre presque instinctivement. Pour d'autres, c'est plus difficile et on ne peut décemment pas attendre d'eux qu'ils acquièrent cette aptitude qui n'est pas dans leurs attributions et qui tient d'une qualité humaine. Par conséquent, il n'est pas nécessaire, dans l'absolu, d'en parler, sauf bien sûr, dans le cas où votre enfant est en souffrance à l'école.

84 FAUT-IL FAIRE TESTER LES FRÈRES ET SŒURS SI UN ENFANT EST SURDOUÉ DANS LA FRATRIE ?

Lorsqu'un enfant a été détecté précoce, les parents se posent naturellement la question de savoir si les autres membres de la fratrie le sont aussi.

Si les autres enfants manifestent des difficultés d'ordre émotionnel, scolaire, comportemental ou des difficultés d'adaptation, une avance sur le plan scolaire, il est pertinent de les faire tester. Si tel n'est pas le cas, pourquoi un parent voudrait-il faire tester ses autres enfants ? Le plus souvent, ceux-là veulent savoir pour pouvoir s'adapter à leurs enfants, mieux les comprendre. Cette démarche compréhensible n'est cependant pas toujours indiquée.

Souvent, les enfants d'une même fratrie ont besoin de se construire un peu en opposition par rapport à leurs frères et sœurs : l'un sera le créatif-rebelle et l'autre prendra le contre-pied en devenant scolaire et sage, par exemple. Lorsqu'il y a une telle opposition dans une même fratrie, on est tenté de se dire que ce n'est pas un hasard, que les enfants s'affirment différemment pour ne pas être comparés, assimilés l'un à l'autre, pour se sentir uniques. Si un enfant ne veut pas être testé, il est important de respecter sa décision, même si le passage d'un test semblerait *a priori* être bénéfique pour lui. Cela peut créer des rivalités entre les différents enfants, les mettre en compétition et engendrer des complexes chez ceux qui ne sont pas aussi « intelligents ».

D'autre part, pour un adolescent, passer un test de QI peut être un événement stressant, surtout si d'autres membres de la famille sont déjà détectés surdoués. Il peut avoir le sentiment « qu'on attend qu'il le soit », « qu'il risque de décevoir s'il ne l'est pas », voire carrément « qu'on peut ne plus l'aimer et le rejeter s'il ne l'est pas ».

Si, en revanche, la demande vient de l'enfant, il n'y a aucune raison de ne pas y répondre.

85 LES ENFANTS SURDOUÉS S'ÉPANOUISSENT-ILS À L'ÉCOLE ?

Réponse rédigée par Claire Grand, ancienne psychologue scolaire. Aujourd'hui, psychologue en libéral spécialiste des enfants précoces, auteure de plusieurs ouvrages sur le sujet.

Le système scolaire est peu adapté aux particularités et aux besoins des enfants surdoués, mais la plupart d'entre eux peuvent s'adapter au système scolaire.

De nombreux élèves précoces sont de très bons élèves tout au long de leur scolarité. Ce sont ceux qui feront de grandes études et qui deviendront polytechniciens, médecins, chercheurs, mais aussi ceux qui choisiront une voie moins élitiste et qui suivront des enseignements accessibles à presque tous les élèves.

En effet, tous les élèves surdoués en réussite ne font pas des études d'excellence. Tous, non plus, ne sont pas en délicatesse avec l'école ni en souffrance. Certes, ils peuvent connaître l'ennui, l'exaspération quand leurs camarades travaillent trop lentement ou ne comprennent pas assez vite. Ils peuvent déplorer que les exercices soient trop répétitifs. Mais les surdoués ne sont pas les seuls à s'ennuyer en classe ou à ne pas être suffisamment motivés. Tous les élèves peuvent ne pas aimer l'école, trouver les journées de classe beaucoup trop longues et attendre impatiemment les vacances. Les surdoués peuvent, comme les autres, supporter cet ennui, cette lenteur et garder la motivation.

Il y a des enfants surdoués qui sont réellement en souffrance à l'école, mais ils sont loin de représenter la majorité. J'ai connu nombre d'élèves surdoués heureux. Parfois, ils s'ennuyaient, trouvaient que ça allait trop lentement ou se plaignaient de choses et d'autres, mais, dans l'ensemble, ils aimaient aller à l'école et y travailler.

86 POURQUOI CERTAINS ENFANTS PRÉCOCES NE SONT-ILS PAS HEUREUX À L'ÉCOLE ?

Réponse rédigée par Claire Grand

La question à se poser est donc de savoir ce qu'il leur faut pour être heureux à l'école. Le plus important, il me semble, concerne la relation avec l'enseignant, qui doit être suffisamment bonne. En effet, ce sont des élèves qui sont très sensibles à l'ambiance et à l'affectif. Si un enfant précoce sent que son enseignant ne l'apprécie pas, s'il pense qu'il ne compte pas pour lui, si lui-même ne l'apprécie pas et, enfin, si l'ambiance de la classe est délétère, il risque de ne pas se sentir en sécurité affective dans cette classe. Il sera alors moins motivé et moins disponible pour réfléchir et performer, voire susceptible de développer des troubles anxieux, un état dépressif ou une phobie scolaire. Si un enseignant montre de l'intérêt à son élève précoce, s'il cherche à comprendre son fonctionnement singulier et s'il met en place, si besoin, des aménagements, il y a peu de risques que l'élève se sente mal à l'école et perde l'envie de travailler. Les aménagements permettent de rendre la scolarité plus intéressante et moins ennuyeuse, mais elle montre aussi à l'élève que l'on se soucie de ses besoins et de son bien-être, ce qui est capital pour un enfant précoce. Il faut garder à l'esprit que ce sont des enfants qui accordent énormément d'importance à l'affectif et qui se préoccupent beaucoup de savoir si on les apprécie et s'ils ont une quelconque valeur. Les rassurer sur ces points est primordial pour que la relation soit de bonne qualité et qu'ils se sentent à leur place à l'école.

87 FAUT-IL FAIRE SAUTER UNE CLASSE À SON ENFANT ?

La question du saut de classe est une question complexe. Tout d'abord, elle dépend de l'accord du conseil d'administration de l'établissement et du professeur de l'enfant. Seul un professeur peut évaluer si l'enfant est assez avancé dans le programme pour sauter une classe.

Souvent, les refus sont motivés au prétexte que l'enfant n'est pas assez mature sur le plan émotionnel. Un autre problème évoqué concerne les lacunes qui risqueraient d'être occasionnées par un saut de classe, sauf s'il s'agit de sauter les petites classes. Néanmoins, à l'inverse, si l'enfant surdoué n'est pas assez stimulé intellectuellement, il risque de désinvestir sa scolarité et dès lors de se créer, malgré tout, des lacunes. S'il ne ressent jamais de difficulté en classe, il n'apprendra pas non plus le sens de l'effort.

Pour mesurer la pertinence d'un saut de classe, Jean-Charles Terrassier préconise de calculer un QI compensé. Cela consiste à calculer le QI de l'enfant en étalonnant ses résultats, non pas en fonction des enfants de sa même tranche d'âge, mais de la tranche d'âge des enfants de la classe qu'on souhaite lui faire intégrer. Lorsque le QI demeure dans ce cas supérieur à 100, l'enfant pourra s'en sortir dans une classe supérieure et le saut de classe est judicieux.

De manière générale, un saut de classe devrait être envisagé, peu importe la maturité de l'enfant, dès lors que celui-ci commence à s'ennuyer, qu'il désinvestit la scolarité ou qu'il ne s'intègre plus avec les enfants de son âge. Les enfants surdoués ont besoin de difficultés et de défis pour s'intéresser et devenir performants.

Il faut enfin noter que certains enfants ne souhaitent pas sauter de classe. S'ils ont de bons camarades et se sentent bien avec leur professeur, initier un saut de classe contre leur volonté peut leur causer du tort.

88 FAUT-IL SCOLARISER LES ENFANTS PRÉCOCES DANS UNE ÉCOLE SPÉCIALISÉE ?

Réponse rédigée par Claire Grand

Le mieux est, quand cela est possible, de laisser l'enfant dans son école de quartier, avec les camarades qu'il peut retrouver dans son voisinage pour jouer. Si la famille préfère choisir une école spécialisée, encore faut-il la trouver ! Il existe quelques trop rares écoles, souvent privées, qui proposent un accompagnement spécifique pour les élèves à haut potentiel. Toutefois, ces structures font souvent le choix d'accélérer les apprentissages alors que ce n'est pas une solution satisfaisante pour tous. Certains ont avant tout besoin de se sentir acceptés avec leur différence et compris. De plus, ce sont des élèves qui se mettent souvent la pression et qui visent la perfection. Une école élitiste qui pousse trop ses élèves risque d'aggraver une angoisse de performance chez un enfant perfectionniste et anxieux. Enfin, je déplore que certaines de ces écoles n'acceptent que les élèves qui ont un profil homogène et qui sont capables d'être ou de devenir d'excellents élèves. Il y a très peu de structures scolaires spécialisées qui acceptent les enfants précoces qui souffrent d'un trouble des apprentissages, alors que ce profil se rencontre très fréquemment, la dyslexie et les déficits d'attention étant souvent associés à un haut potentiel. C'est pourtant là qu'une école qui s'adapterait aux besoins de ces enfants prendrait tout son sens.

Le choix d'une école spécialisée se justifie si elle propose une pédagogie adaptée, non pas dans le but que l'enfant apprenne plus rapidement, mais pour qu'il soit épanoui et qu'il ait, ou retrouve, le goût d'apprendre. Une pédagogie satisfaisante pour un élève à haut potentiel laisse une large place à l'autonomie, à la recherche de solutions et à la créativité, c'est-à-dire tout le contraire de ce qui se pratique dans les écoles ordinaires : l'enseignant expose la leçon et demande aux élèves de faire de très nombreux exercices d'application. L'enfant précoce a besoin que les choses aient un sens, que les apprentissages et le travail servent à quelque chose. Appliquer systématiquement n'est pas motivant. Une pédagogie idéale propose au contraire à l'élève d'apprendre ce dont il a besoin pour atteindre un objectif : par exemple conjuguer correctement les verbes et acquérir une bonne orthographe pour réaliser un journal de classe, comme dans les pédagogies de projets, Freinet notamment.

La bonne école pour un élève surdoué est surtout celle dans laquelle il peut trouver des professeurs avec lesquels il se sent bien. C'est un peu la loterie : certaines écoles regorgent de ces enseignants qui s'intéressent au sujet de la précocité, qui cherchent à rendre la scolarité de ces enfants plus agréable, qui essayent de les comprendre, qui les acceptent avec leurs particularités et qui les aiment. Le secret est certainement là : aimez vos élèves surdoués et vous serez le bon enseignant pour lui !

Au contraire, certains élèves sont en grande souffrance à l'école parce qu'ils n'ont connu que des enseignants qui ne cherchent pas à les comprendre, à les accepter, encore moins à les aimer. Des professeurs qui tentent de les faire entrer à tout prix dans un moule qui est trop petit pour eux et dans lequel ils étouffent. Des enseignants qui leur reprochent sans cesse leur différence, leurs fragilités, leurs réactions exacerbées dont ils sont pourtant les premières victimes. Des adultes qui ne supportent pas ces élèves qui contestent et qui posent trop de questions, qui se sentent déstabilisés par ces enfants qui se permettent de signaler la faute d'orthographe ou l'erreur de langage que le professeur a commise. De reproches en punitions, de remarques ironiques en sous-entendus mal intentionnés, ils détruisent jour après jour le peu de confiance en soi de ces enfants fragiles. Ces enseignants sont rares, mais il faut être lucide : ils existent.

89 EST-IL PRÉFÉRABLE DE FAIRE L'ÉCOLE À LA MAISON ?

Réponse rédigée par Claire Grand

La scolarisation à domicile présente des inconvénients et il est difficile de dire si ce choix sera profitable ou préjudiciable pour l'enfant. Renoncer à envoyer un enfant à l'école risque de lui apprendre qu'il faut fuir les difficultés au lieu de trouver des solutions. L'éloigner de ses pairs ne l'aidera pas à apprendre à supporter les contraintes du groupe, à s'adapter à des enfants puis, plus tard, à des adultes qui ne fonctionnent pas comme lui. Le choix de la scolarisation à domicile doit être longuement réfléchi et n'être évoqué que si les autres solutions n'ont pas fonctionné : le passage anticipé, les aménagements pédagogiques, le changement d'école... Cependant, lorsque la souffrance est trop intense, la déscolarisation peut être et, dans certains cas, doit être envisagée. Apprendre ne doit pas s'accompagner de souffrance.

L'enseignement à la maison doit être, après les six ans de l'enfant, déclaré aux services de l'Éducation Nationale et à la mairie de la commune de résidence. Il n'est possible que si l'un des deux parents n'a pas d'activité professionnelle à l'extérieur et qu'il peut assurer les cours plusieurs heures par jour. Il peut s'appuyer sur des manuels scolaires, des sites pédagogiques, si possible interactifs et, pour les classes supérieures, sur les cours à distance du CNED. L'élève sera soumis une fois par an à une évaluation de son niveau scolaire par un représentant de l'Éducation Nationale, un conseiller pédagogique par exemple. Il existe des associations de parents qui ont fait ce choix. Elles offrent la possibilité aux enfants de se rencontrer pour garder un lien social et aux parents de trouver conseils et accompagnement.

90 EST-IL JUDICIEUX DE FAIRE L'ÉCOLE À LA MAISON EN CAS DE PHOBIE SCOLAIRE ?

Réponse rédigée par Claire Grand

Il faut éviter la scolarisation à domicile en cas de phobie scolaire. C'est une peur incontrôlée qui empêche un élève de se rendre à l'école. Elle peut s'installer subitement et prendre, en quelques jours, des proportions très importantes. Il est possible de permettre un retour rapide en classe en expliquant à l'enfant, les mécanismes de la phobie et de l'angoisse et en cherchant ce qui a déclenché cet état. Il est capital de réagir vite : plus le temps passe et plus la phobie s'installe et sera difficile à déloger. Si l'enfant est « autorisé » à ne plus se rendre à l'école afin d'apaiser sa peur, on risque d'obtenir l'effet inverse. Éviter ce qui est angoissant aggrave souvent l'angoisse. Il vaut mieux inciter l'enfant à venir à l'école en le rassurant, en aménageant au besoin son emploi du temps et en le faisant suivre par un psychologue TCC : les Thérapies Cognitives et Comportementales sont particulièrement préconisées en cas d'angoisse, de phobies, de TOC... Laisser l'enfant fuir ce qui l'angoisse en le déscolarisant risque d'aggraver son état et l'amener vers un trouble anxieux généralisé, une phobie sociale ou une dépression. La scolarisation à domicile doit être réservée aux cas extrêmes, quand le retour à l'école n'est plus possible, en attendant que la prise en charge psychothérapeutique porte ses fruits.

91 LES ENFANTS SURDOUÉS FONT-ILS PARTIE DES ÉLÈVES À BESOINS ÉDUCATIFS PARTICULIERS ?

La notion de scolarisation des élèves à besoins particuliers recouvre les handicaps physiques, sensoriels ou mentaux, les grandes difficultés d'apprentissage ou d'adaptation, les enfants malades, les enfants en situation familiale ou sociale difficile, les mineurs en milieu carcéral, les élèves nouvellement arrivés en France, les enfants du voyage et... les enfants intellectuellement précoces.

Ce que cela implique en théorie, c'est la possibilité, pour un parent, de demander des aménagements spécifiques pour son enfant. Ces aménagements peuvent être de différentes formes, en premier lieu, évidemment, le saut de classe. Il est également possible de demander au professeur de donner du travail supplémentaire à l'enfant pour approfondir certaines matières ou que l'enfant puisse suivre certains cours dans une classe de niveau supérieur.

Le parent a également la latitude de proposer à l'établissement divers aménagements pédagogiques dont pourraient bénéficier tous les enfants doués d'un établissement : des cercles de lecture, des groupes de parole entre les enfants doués, l'organisation d'évènements ou de concours internes ou externes à l'établissement. Par ailleurs, il est bénéfique pour un enfant précoce de pouvoir être en charge d'un enfant en difficulté, d'être son tuteur, de l'aider dans ses devoirs ou d'être lui-même parrainé par un élève plus âgé qui l'initie à des notions plus complexes que celles qu'il étudie.

FAUT-IL STIMULER SON ENFANT SURDOUÉ ? 92

Presque tous les parents sont, à un moment donné du parcours de l'enfant, accusés par un professionnel (médecin, psychiatre, psychologue non spécialisé, etc.), par un professeur ou même une connaissance de trop stimuler leur enfant.

Il arrive que l'enfant surdoué ait une grande anxiété de performance, qu'il puisse se mettre dans « tous ses états » lorsqu'il obtient une mauvaise note, lorsqu'il ne comprend pas rapidement et facilement quelque chose ou qu'il ait des « difficultés » avec la compétition : soit en ne supportant pas la compétition, soit en étant immodérément compétiteur. L'adulte qui observe cela a tendance à en déduire que le parent pousse exagérément son enfant. Ce qui est faux, la plupart du temps. Ce n'est pas parce que le parent incite son enfant à la performance que celui-ci deviendra surdoué. En général, le parent se sent même démuni face aux besoins de stimulation du petit précoce, quant au fait de trouver les moyens d'étancher sa curiosité ou de répondre à ses questions incessantes. Il est en effet très déstabilisant pour un parent de voir que son bambin ne profite pas de cette période d'innocence qu'est l'enfance.

Un surdoué peut en effet se sentir rapidement et sans raison particulière, responsable de tout : de ses parents, de ses camarades, de ses frères et sœurs. Un surdoué peut, trop tôt, perdre son insouciance, acquérir une lucidité sur les gens et le monde qui lui font perdre en naïveté. Il peut se détacher des distractions futiles et préférer les activités sérieuses des adultes.

Un enfant surdoué n'a pas besoin d'être stimulé, il se stimule tout seul. Il a davantage besoin d'être rassuré que stimulé. En revanche, il a besoin d'être nourri intellectuellement. Le parent doit tenter de répondre aux questions de l'enfant et être capable de proposer des activités, en laissant l'enfant choisir ce qu'il veut approfondir. En d'autres termes, il faut accueillir sa curiosité et lui donner les moyens de l'étancher mais sans sur-solliciter l'enfant. L'enfant surdoué a, de manière constitutive, un plus grand appétit que les autres, il faut répondre à cet appétit, mais pas le sur-alimenter.

93 QUELS TYPES D'ACTIVITÉS CONVIENNENT GÉNÉRALEMENT AUX SURDOUÉS ?

Évidemment, on ne peut pas prescrire d'activités qui conviendraient à tous. On ne peut que faire quelques généralités. Les enfants surdoués ont tendance à sur-investir l'esprit au détriment du corps. Dans l'idéal, un enfant surdoué devrait donc pratiquer au moins deux sports. Un sport qui lui permet de se défouler comme la piscine, la boxe, le trampoline, le vélo et/ou un sport favorisant le rapport au corps comme la danse, la gymnastique, le judo, le karaté, l'escalade, les sports d'adresse (il n'est pas rare que les surdoués manquent d'adresse), l'escrime, le ping-pong.

Il est important pour ces enfants de pratiquer des activités extra-scolaires. Le théâtre d'improvisation est généralement une activité excellente pour eux, qui leur permet d'exprimer leur imagination et de s'extravertir, leur apprend à maîtriser leurs émotions, vaincre leur éventuelle timidité, gagner en spontanéité et en confiance en eux. Certains enfants précoces auront peur de faire du théâtre, par excès de timidité ; c'est sans doute pour eux pourtant que cette activité serait la plus bénéfique.

Bien sûr, la lecture, les jeux de logique, de stratégie, leur plaisent généralement.

En dernier lieu, il est important de favoriser la créativité des enfants précoces. La pratique d'un instrument leur est souvent très profitable, même si de nombreux surdoués verront comme une contrainte le fait d'apprendre le solfège, de répéter sans cesse le même morceau. Il faut souvent les pousser un peu dans cette voie. On peut également leur proposer d'inventer des histoires : écrire des nouvelles, des scénarii de films, de petits sketches. En famille, il peut être intéressant de faire des jeux de mime, d'imitation (L'enfant ou le parent doit imiter une connaissance commune pour faire deviner de qui il s'agit). La peinture abstraite leur permet souvent de se libérer, d'apprendre le lâcher-prise. De manière générale, tout ce qui implique l'abstraction de la pensée leur fait du bien.

COMMENT IMPOSER UN CADRE À L'ENFANT ? 94

L'enfant surdoué, plus que n'importe quel enfant, a besoin d'un cadre pour grandir sereinement. Il en a besoin pour canaliser sa grande énergie, son imagination sans limite et apprendre la discipline, y compris dans les activités qu'il n'apprécie pas. Sans cadre, il sera, à un moment de sa vie, sujet à de l'anxiété. C'est principalement pour son avenir que c'est important.

Lui poser un cadre est d'autant plus difficile qu'il est épris d'indépendance et de liberté : il veut rapidement être autonome, grandir. Il peut aussi affirmer qu'il sait ce qu'il lui faut et comment on doit s'y prendre avec lui. Il peut remettre en question ses parents avec une lucidité, une maturité dans l'argumentation qui déstabilise ceux-là dans l'exercice de leur autorité. Ce sont des enfants qui ont tendance à tester les gens, tout le temps : leurs parents, mais aussi leurs enseignants, leurs thérapeutes éventuels, leurs amis.

Par conséquent, imposer un cadre à ces enfants n'est pas simple. D'autant plus qu'un cadre trop rigide briserait ces grands sensibles. Dans l'idéal, le cadre doit donc être ferme, mais juste.

Face à la difficulté d'imposer des règles à l'enfant, les parents ont éventuellement tendance à pratiquer le compromis systématique, voire le chantage : « Je fais ça pour toi et toi, tu fais ça en échange. ». Cette pratique compréhensible des parents n'est pourtant d'aucun enseignement. Pour l'enfant, cela signifie que les règles n'ont pas de sens en elles-mêmes et qu'elles sont malléables en fonction de l'intérêt des deux parties. Un compromis, c'est deux volontés qui s'opposent et chacun abandonne une partie de sa volonté pour contenter le maximum de personnes. S'il permet d'obtenir « la paix des ménages », c'est aussi une façon de troquer son autorité.

Pour être solide, un cadre doit comporter certaines règles indéfectibles et des règles secondaires, qui, elles, sont négociables. Négocier veut dire que l'enfant doit convaincre : c'est par la force de ses arguments que la règle peut être changée pour une règle plus pertinente. Dans la négociation, la règle est questionnée dans son utilité pour l'enfant. La volonté des parents n'est pas troquée contre celle de l'enfant et l'enfant est respecté dans son identité. Ce dernier permet aux parents d'évoluer dans leur volonté et inversement. La loi est imposée en « bonne intelligence ».

95 COMMENT AIDER L'ENFANT SURDOUÉ À CANALISER SON ÉNERGIE ?

Aucune étude n'a, à ce jour, démontré que les enfants surdoués souffraient davantage de difficultés d'organisation, de concentration ou d'assiduité que les autres enfants. Comment se fait-il dans ce cas que l'on entende autant parler des difficultés de ces enfants à canaliser leur énergie ?

Pour comprendre comment on peut les aider à ce sujet, il faut d'abord comprendre pourquoi certains ont, de manière apparente, du mal à canaliser leur énergie. Une des raisons principales, c'est qu'ils en ont beaucoup, et de ce fait, cette énergie est d'une densité supérieure à ce que peut contenir « la boîte » dans laquelle on tente de la faire rentrer.

La « boîte » en l'occurrence, ça peut être l'impératif de l'école, par exemple, d'écouter sagement un professeur sans intervenir par de multiples questions qui turlupinent l'esprit, de ne pas interrompre systématiquement quelqu'un qui est en train de parler ou être le résultat de l'impossibilité de changer de sujet d'étude au moment précis où il n'est plus attractif, de suivre le déroulement naturel de sa curiosité, par exemple. Par conséquent, la « boîte » déborde de toutes parts et l'énergie n'est, tout bonnement, pas contenue.

À l'inverse, on a parfois affaire à un enfant surdoué apparemment bien adapté à « la boîte » : à côté de cet enfant surdoué « terrible », capable d'un flot de paroles ininterrompu, qui se montre trop expressif et gesticule dans tous les sens, il y a celui qui est au fond de la classe, éteint et rêveur. Trop calme. Il semble bien mieux capable de se concentrer, en apparence. Au fond de lui, il bouillonne d'émotions et d'idées, mais il les refoule. Ce deuxième « type » d'enfant surdoué n'est pas mieux canalisé, il utilise toute son énergie pour s'adapter et sacrifie sa vitalité, ce qui engendre tout bonnement un désinvestissement des activités. L'énergie n'est plus employée.

Dans les deux cas, on a affaire aux deux faces d'un même problème : comment dompter cette énergie intense, cette puissance intérieure sans se laisser déborder ou l'inhiber pour lui permettre de se consacrer à une activité précise ?

La seule solution, c'est de ne pas chercher à faire rentrer cette énergie dans la « boîte », mais d'adapter celle-ci à la densité de l'énergie !

Autrement dit, il faut accepter que ce n'est pas parce que l'enfant est mal éduqué, impatient ou inconstant qu'il éprouve éventuellement des difficultés à se canaliser, mais parce qu'il a besoin, pour canaliser son énergie, de pouvoir faire à sa guise, de suivre ses impulsions du moment et de libérer son énergie sans frein.

Dans l'idéal, il lui faudrait un environnement qui permette d'épanouir ce genre de fonctionnement, mais évidemment, cela est incompatible avec le fait de s'intégrer à la société : les enfants doivent apprendre la contrainte, le sens de l'effort, la discipline, la hiérarchie, etc.

Permettre à l'enfant surdoué de s'épanouir, c'est donc trouver un équilibre entre sa nature et les impératifs de son adaptation. Pour cela, il est important d'aménager des plages horaires où l'enfant est libre, où l'on n'attend rien de lui, où il peut déverser cette énergie et, parallèlement, lui offrir des sources de stimulation diverses et variées, de sorte qu'il puisse trouver des activités qui lui correspondent et dans lesquelles il pourra « structurer » cette énergie. L'enfant surdoué a besoin de moments où il « explose », sans contrainte, pour pouvoir ensuite se concentrer sur une activité précise.

96 COMMENT INCULQUER LE SENS DE L'EFFORT À L'ENFANT SURDOUÉ ?

Les enfants surdoués ne sont pas des machines savantes, obsédés de travail et dévorés d'ambition. Ce sont des enfants qui fonctionnent à la passion, à l'émotion. Autrement dit, ils seront capables de produire des efforts colossaux si ce qu'ils font les passionne. En revanche, dans le cas contraire, ils auront d'énormes difficultés à se forcer : apprendre bêtement une leçon est pour eux une épreuve. L'émotion est nécessaire à l'action.

Cela risque de leur poser, à un moment donné, des problèmes dans leur scolarité, à l'université ou même dans leur vie d'adulte, lorsqu'ils devront assumer certaines contingences. Il est, par conséquent, important de leur inculquer le sens de l'effort.

Pour cela, il est inutile et improductif de sévir, c'est-à-dire, de les forcer. Si cela peut éventuellement fonctionner avec certains enfants, la plupart du temps, ça ne fonctionnera pas avec l'enfant surdoué qui se rebellera. De plus, l'enfant gardera en mémoire ces expériences de contraintes de façon presque traumatique, au point de développer plus tard, éventuellement, une aversion pour l'effort encore plus prononcée qui pourrait le pousser à la procrastination permanente.

Pour induire le sens de l'effort chez l'enfant surdoué, il faut d'abord expliquer le sens et l'intérêt, c'est-à-dire le bénéfice pour lui, de l'activité fastidieuse, en long en large et en travers. L'enfant aura tendance à démontrer pourquoi cela n'est pas si important. Il faut tenir bon, être convaincu soi-même. Un enfant surdoué convaincu donnera de lui-même pour apprendre le sens de l'effort.

Ensuite, il est intéressant, compte tenu de son fonctionnement, d'aménager un temps spécialement dédié à l'effort, précis, délimité, limité. L'enfant vivra ainsi, de manière beaucoup moins violente, le fait de fournir un effort. Selon le nombre de choses qu'il n'aime pas faire et le nombre de choses que vous pensez qu'il doit apprendre à faire, ce temps peut bien sûr varier, mais il est préférable de commencer par des petites durées : le parent peut décréter, par exemple, que vingt minutes par jour seront consacrées aux choses que l'enfant n'aime pas faire. Il n'est pas forcément nécessaire de programmer un horaire fixe, sinon l'enfant va anticiper avec appréhension ce moment. Le plus judicieux est de lui demander de le fixer lui-même, chaque jour quand il le veut et de faire en sorte de vérifier qu'il s'y tienne. Cela le rend autonome.

97 COMMENT GÉRER LA SENSIBILITÉ DE L'ENFANT SURDOUÉ ?

Les enfants surdoués ont tendance à rapidement ressentir une culpabilité intense. La difficulté pour eux, c'est d'abord d'identifier cette sensation inconfortable, car cela demande des capacités d'introspection qui s'acquièrent avec la maturité et ensuite, d'en comprendre la cause pour pouvoir se rendre compte qu'elle n'est, la plupart du temps, pas justifiée. Rares sont les enfants qui manifestent explicitement leur culpabilité. Si un enfant se sent responsable du divorce de ses parents par exemple, il n'en parlera pas, car cet « aveu » au grand jour renforcerait encore plus sa culpabilité. C'est donc bien souvent aux parents qu'il incombe de cerner cette émotion chez eux pour leur permettre de l'exprimer. Si cela ne suffit pas à les apaiser, il faut tenter de leur démontrer en quoi cette culpabilité est irrationnelle.

Lorsque l'enfant précoce est trop sensible à l'injustice, il peut se mettre, par exemple, à détester un enseignant qui aurait fait une seule fois du favoritisme et décider de ne plus travailler à cause de ça. Il a tendance à vouloir vivre dans un monde parfait qui ne connaîtrait ni le mensonge, ni l'opportunisme, ni la méchanceté. Cela en fait un individu très peu adapté à la dure réalité du monde. Autrement dit, il est important de pouvoir préparer celui-ci, progressivement, à baisser son niveau d'exigence, à ne pas être affecté par les choses qu'il n'a pas le pouvoir de changer. L'enfant peut, par exemple, écrire sur une feuille les choses qui lui font du mal et se demander lesquelles, parmi la liste, ne changeront pas malgré la souffrance qu'il ressent à y penser. Il faut lui apprendre à refouler certains sentiments, sinon ceux-là peuvent devenir envahissants et générer une tristesse intense.

L'enfant surdoué a également fréquemment l'impression de ne pas être aimé. Il supporte très mal le rejet. Il lui suffit parfois de se rendre compte, juste une fois, que vous êtes en colère contre lui, que vous êtes épuisé de le gérer, pour qu'il en déduise que votre amour pour lui est fragile. Il faut par conséquent éviter de faire trop de reproches à ces enfants, car ils les garderont en mémoire très longtemps et peuvent aller jusqu'à se construire une vision très négative d'eux-mêmes. Il faut éviter également le recours aux railleries, au cynisme ou les ultimatums, le chantage. Si ces enfants sont susceptibles, c'est parce qu'ils n'ont pas de filtre : chaque critique est vécue par eux comme une remise en question de ce qu'ils sont.

QUELLE ATTITUDE AVOIR AVEC SON ENFANT PRÉCOCE POUR NOUER UNE RELATION BÉNÉFIQUE ?

Le parent d'un enfant précoce doit idéalement être sûr de lui pour ne pas se laisser manipuler par celui-ci, être convaincu de ses choix éducatifs, de ses positions, sans toutefois évidemment lui faire croire qu'il sait tout sur tout, qu'il a forcément raison sur tout. Le parent doit être suffisamment serein, c'est-à-dire avoir résolu ses propres questions existentielles et ses doutes métaphysiques pour être un appui pour l'enfant. Un parent peu confiant ou anxieux renvoie toujours ses propres craintes à sa progéniture et c'est préjudiciable pour tous les enfants. Le parent doit aussi être suffisamment solide pour ne pas abandonner face à la tâche complexe que représente éventuellement son éducation : lui apprendre à respecter les limites, à s'organiser, à développer sa mémoire, à approfondir ses connaissances, lui apprendre le goût de l'effort, la persévérance, insister sur l'acquisition des méthodes scolaires et la discipline tout en lui faisant confiance.

Le parent se doit également d'être impérativement constant : placer une loi, en expliquer scrupuleusement le bien-fondé et n'y déroger que très exceptionnellement.

Pour être proche d'un enfant surdoué, il faut être sincère, ne pas lui mentir, développer la confiance en se montrant à son écoute, en le respectant dans ses décisions, mais sans le laisser tout diriger. Il faut être en empathie avec lui, sans toutefois faire preuve d'une compassion exagérée.

Favoriser la communication est extrêmement bénéfique pour eux. Favoriser la communication veut dire inciter l'enfant à parler de lui-même, lui parler éventuellement de soi-même, communiquer d'égal à égal. Les enfants précoces apprécient particulièrement de discuter avec les adultes. Pour autant, il faut maintenir un rôle de parent, une certaine distance, ne pas devenir le complice de son enfant, ne pas être copain-copain.

99 LES ENFANTS SURDOUÉS SONT-ILS VOUÉS AU MALHEUR ?

La médiatisation des enfants précoces a permis de populariser le sujet et de se défaire de la vision réductrice d'une supériorité intellectuelle fascinante et jalousée. En mettant en lumière les difficultés de ces enfants, c'est comme si on les avait fait descendre de leur piédestal et qu'on pouvait enfin commencer à s'intéresser à eux.

Ensuite, la tendance à la victimisation de ces enfants s'est accentuée. Nombre d'articles, d'ouvrages ont fleuri, parlant « d'un cadeau empoisonné », évoquant le surdon comme une source d'inaltérables difficultés, de problèmes de comportement ou d'adaptation. On a entendu aussi parler du suicide des enfants précoces, de leur destin voué à l'insatisfaction professionnelle, amoureuse, etc. Il n'y a désormais qu'à taper le mot « surdoué » sur internet pour avoir froid dans le dos ! Cette « deuxième » tendance est d'autant plus curieuse qu'elle ne se justifie pas dans son excès. Si certains enfants surdoués rencontreront des difficultés, il faut rappeler que la grande majorité d'entre eux sont heureux et équilibrés.

Tout le monde connaît le dicton : « Heureux sont les simples d'esprit ! » Ce que sous-entend ce dicton, c'est que pour être heureux, il ne faut pas réfléchir. Dans la réalité clinique pourtant, la chose est moins explicite. L'idée que celui qui réfléchit peu serait obligatoirement rempli d'un bonheur béat est une hérésie. Un déficient intellectuel n'a pas les moyens de se défendre et doit subir chaque jour le fait de ne pas pouvoir se débrouiller tout seul. Il ne peut pas construire sa vie sans une aide extérieure.

L'intelligence, contrairement aux idées reçues, sert le bonheur. Pour être heureux, il faut de l'imagination, il faut savoir trouver les moyens de s'extirper de situations difficiles, il faut être assez créatif pour ne pas subir une situation, il faut être assez résilient. Si le surdoué est plus sujet à l'inquiétude, il est aussi plus apte à jouir et profiter des moments d'accalmie, dont il connaît le prix. S'il est plus sujet à voir les failles du monde, en raison de son hyper lucidité, il est aussi plus apte à voir les petits détails merveilleux qui parsèment l'existence, ceux que personne d'autre ne voit. Il en tire parfois une force d'optimisme que beaucoup de gens peuvent envier. Et enfin, l'intensité du vécu émotionnel, quand il est canalisé est une source de joie.

Les enfants surdoués peuvent évidemment s'épanouir et être heureux. Pour cela, ils ont surtout besoin d'être aimés, compris, d'apprendre et de créer.

100 COMMENT PERMETTRE À L'ENFANT SURDOUÉ DE S'ÉPANOUIR ?

Être le parent d'un enfant surdoué demande un investissement plus important ; il faut être plus attentif à la moindre manifestation de souffrance chez celui-ci, pour réagir avant que le problème ne s'intensifie. Il faut être très solide pour gérer cette énergie puissante. Mais c'est aussi une source de joie : aller à la rencontre de ces enfants-là est une expérience très riche !

Il y a chez eux cette passion pleine pour la connaissance et le désir de trouver un chemin authentique dans la vie. L'état de « surexcitation » qui habite leurs cœurs n'est pas loin de celui qui baigne dans l'esprit de l'homme contemporain : ne se satisfaire de rien, être tendu vers une quête de manière frénétique : évoluer, créer, penser, en un terme, avancer encore et toujours. Le temps leur manque et un « espace assez » grand dans lequel vivre aussi.

Le problème, c'est que leur esprit critique et leur besoin de diversité les empêchent bien souvent de pouvoir croire assez fermement en une idée, de se concentrer de manière assez conséquente dans une seule direction. La condition de leur épanouissement, par conséquent, dépend d'un facteur central : il leur faut trouver une voie dans laquelle épanouir leur potentiel ! Le seul moyen de favoriser l'épanouissement d'un enfant précoce, c'est donc de l'aider dans la tâche complexe que représente le fait de trouver ce pour quoi il est fait.

Si la période de l'enfance peut s'avérer éventuellement assez difficile, c'est parce qu'elle comporte nombre d'incertitudes, ce qui est désagréable pour des individus qui ont besoin de sentir un certain contrôle. Et puis, elle comporte aussi un certain nombre de contraintes qui étouffent parfois leur intense besoin de liberté et d'autonomie. La route à parcourir est néanmoins d'autant plus intéressante qu'elle est sinueuse ! L'avantage des personnes surdouées, c'est qu'elles sont souvent absolutistes. Autrement dit, ce sont souvent des battantes qui travailleront sans relâche et avec passion à leur épanouissement !

BIBLIOGRAPHIE

Claire Grand, *Toi qu'on dit « surdoué »*, l'Harmattan, 2011.

Claire Grand, *Échanges autour du haut potentiel*, volume 1, l'Harmattan, 2016.

Claire Grand, *Journal d'un jeune surdoué*, L'Harmattan, 2012.

Jean-Charles Terrassier, *Les enfants surdoués ou la précocité embarrassante*, 10e édition, ESF, 2014.

Olivier Revol, Roberta Poulin, Doris Perrodin, *100 idées pour accompagner les enfants à haut potentiel*, Tom pousse, 2015.

Gabriel Wahl, *Les enfants intellectuellement précoces*, PUF, 2015.

Carlos Tinoco, *Intelligents, trop intelligents, les « surdoués » de l'autre côté du miroir*, JC Lattès, 2014.

Jeanne Siaud-Facchin, *L'enfant précoce*, nouvelle édition, Odile Jacob, 2012.

Tessa Kieboom, *Accompagner l'enfant surdoué*, De Boeck, 2011.

Arielle Adda, Hélène Catroux, *L'enfant doué*, Odile jacob, 2003.

Nicolas Gauvrit, *Les surdoués ordinaires*, PUF, 2014.

Didier-Jacques Duché, *L'enfant hyperactif*, Ellipses, 1996.

Alexandra Reynaud, *Les tribulations d'un petit Zèbre*, Eyrolles, 2016.

Eric Turon-Lagot, *WISC IV, Une mesure des manifestations de l'intelligence chez l'enfant*, 2e édition, autoédition, 2015.

Alain Brun, *L'échelle d'intelligence de Wechsler : interprétation clinique et psychopathologique*, L'Harmattan, 2008.

Jean-Luc Bernaud, *Tests et théories de l'intelligence*, 2e édition, Dunod, 2013.

Jacques Lautrey, *L'état de la recherche sur les enfants dits « surdoués »*, Fondation de France, 2004.

Jacques Lautrey, « Le Q.I. : concept mal compris ou mal dépassé ? », *ANAE*, 17, 2005.

Associations :

ANPEIP : Association nationale pour les enfants intellectuellement précoces.

AFEP : Association Française pour les enfants précoces.

AEHPI : Association pour l'épanouissement des enfants à haut potentiel.

ALREP : Association nationale et internationale de loisirs, de rencontres et d'éducation pour les enfants et adolescents précoces.

GAPPESM : Groupement d'aide et de protection des personnes encombrées de surefficience mentale.

Imprimé en Italie par «La Tipografica Varese Srl» Varese